독자의 1초를 아껴주는 정성!

세상이 아무리 바쁘게 돌아가더라도
책까지 아무렇게나 빨리 만들 수는 없습니다.
인스턴트 식품 같은 책보다는
오래 익힌 술이나 장맛이 밴 책을 만들고 싶습니다.

땀 흘리며 일하는 당신을 위해
한 권 한 권 마음을 다해 만들겠습니다.
마지막 페이지에서 만날 새로운 당신을 위해
더 나은 길을 준비하겠습니다.

독자의 1초를 아껴주는
정성을 만나보십시오.

미리 책을 읽고 따라해 본 2만 베타테스터 여러분과
무따기 체험단, 길벗스쿨 엄마 기획단,
시나공 평가단, 토익 배틀, 대학생 기자단까지!

믿을 수 있는 책을 함께 만들어주신 독자 여러분께 감사드립니다.

홈페이지의 '독자광장'에 오시면
책을 함께 만들 수 있습니다.

(주)도서출판 길벗 www.gilbut.co.kr
길벗이지톡 www.eztok.co.kr
길벗스쿨 www.gilbutschool.co.kr

돈을 끌어당기는 생각 습관

돈을
끌어당기는
생각 습관

카사이 히로요, 기타바타 야스요시 지음 | 정문주 옮김

길벗

돈을 끌어당기는 생각 습관

초판 1쇄 발행 · 2019년 7월 31일

지은이 · 카사이 히로요, 기타바타 야스요시
옮긴이 · 정문주
발행인 · 이종원
발행처 · (주)도서출판 길벗
출판사 등록일 · 1990년 12월 24일
주소 · 서울시 마포구 월드컵로 10길 56(서교동)
대표 전화 · 02)332-0931 | **팩스** · 02)323-0586
홈페이지 · www.gilbut.co.kr | **이메일** · gilbut@gilbut.co.kr

기획 및 책임 편집 · 오시정(sjoh14@gilbut.co.kr) | **디자인** · 배진웅
영업마케팅 · 정경원, 최명주 | **웹마케팅** · 이정, 김진영 | **제작** · 이준호, 손일순, 이진혁
영업관리 · 김명자 | **독자지원** · 송혜란, 정은주, 홍혜진

편집진행 및 교정 · 이정임 | **전산편집** · 예다움 | **CTP 출력 및 인쇄** · 예림인쇄 | **제본** · 예림바인딩

ISBN 979-11-6050-854-3 03320
(길벗도서번호 070400)

정가 14,000원

독자의 1초를 아껴주는 정성 '길벗출판사'

(주)도서출판 길벗 | IT실용, IT/일반 수험서, 길벗 비즈, 길벗 라이프, 더퀘스트 **www.gilbut.co.kr**

길벗이지톡 | 어학단행본, 어학수험서 **www.eztok.co.kr**

길벗스쿨 | 국어학습, 수학학습, 어린이교양, 주니어 어학학습, 교과서 **www.gilbutschool.co.kr**

중요한 건 '더 많이 버는 법'이 아닌 '돈이 저절로 붙는 생각법'

●

나는 왜 돈이 안 모일까?

●

10년 전, 제가 입버릇처럼 달고 살던 말이 있습니다.

"도대체 나는 왜 돈이 안 모일까?"

저는 현재 자산관리사(FP)이자 강사로 활동하고 있습니다. 2,000명이 넘는 사람들에게 돈 관련 자문을 전문적으로 해왔지요. 그 덕에 저를 동경의 눈으로 바라보는 분도 많습니다. 하지만 소싯적에는 특출난 데도 없었고, 콤플렉스가 많아서 남들 앞에 설 생각은 감히 하지 못했답니다.

집에서는 성격 좋고 예쁜 제 동생과, 밖에서는 인기 많은 친구와

제 자신을 비교하면서 항상 그들을 부러워했어요. 그러면서도 늘 아무 말도 못하는 딱한 아이였지요.

언제나 어른스럽고 얌전하다는 평가를 받기는 했습니다. 하지만 그런 저에 대한 평가가 너무 싫었어요. 그래서 사회에 나가기만 하면 돈을 왕창 벌어서 잘 꾸미고 멋있어질 거라고, 그렇게 해서 꼭 행복해질 거라고 다짐하곤 했답니다.

그러나 인생이란 생각대로 흘러가지 않는 법이에요.

어른이 되어 회사에 들어갔지만 시련의 연속이었지요. 환경이 저와 맞지 않았는지 어릴 때 앓던 아토피가 도지더군요. 나중에는 머리부터 발끝까지 온몸이 아토피로 뒤덮였습니다. 증상이 심해지면서 점점 끔찍한 몰골로 변해갔어요.

이 때문에 어쩔 수 없이 직장을 그만두었는데, 얼마 지나니 아토피는 자연히 가라앉았습니다. 그래서 이번엔 나 자신을 찾겠다며 닥치는 대로 자격증을 땄어요. 사람들과 이리저리 어울려 다니며 인맥 넓히기에 푹 빠져 지냈습니다.

저는 20대부터 30대 초반까지 그야말로 '돈에 끌려다니는 삶'을 살았습니다. 행복의 파랑새를 찾아다녔지만, 결국 수중에는 5,000만 원의 빚만 남더군요. 그저 반짝반짝 빛나는 멋진 사람이 되고 싶었을 뿐인데……. 그만 돈에 농락당하다 최악의 지경에 이르고 만 것이지요.

그렇게 자신감을 잃어가던 저에게 새 인생을 보여준 '일'이 생겼습니다. 바로 '자산관리사'라는 직업이었어요. 산더미 같은 빚을 떠안고 어쩔 줄 몰라 하던 저에게 멘토 한 분이 구원의 손길을 내밀어주었거든요. 그 분 덕분에 자산관리가 살아가는 데 얼마나 중요하고 즐거운 일인지, 자산관리를 도와주는 일이 얼마나 보람 있는지 배웠습니다.

저는 원래 숫자에 약한 편이라 자산관리사 같은 직업은 거들떠본 적이 없었어요. 그런데 지금은 이 일이 저를 지탱해주는 일생일대의 고마운 직업이 되었답니다.

지난 10년간 이 일을 하면서 줄곧 느껴왔습니다. 과거의 저처럼 돈 문제로 고민하는 사람들이 너무나 많다는 사실을 말이에요. 저를 찾아와 돈 문제로 고민하는 사람들의 유형은 이렇습니다.

- 돈을 모으지 않으면 불안하다면서도 이래저래 술술 써버리는 사람
- 연봉이 높은데도 저축이 안 되는 사람
- 미래가 불안하지만 하고 싶은 일은 해야 하겠기에 맛집 찾아다니고, 쇼핑 즐기고, 친구와 여행 다니는 데 돈을 펑펑 쓰는 사람
- 불안감을 해소하려고 무턱대고 자격증을 따러 다니거나 '왠지 감이 좋고, 잘하면 돈이 될지도 모르겠다!' 하는 기대감에 부풀어 세미나와 강좌를 쫓아다니는 사람

●

이제는 절대 돈에 휘둘리지 않을 거야!

●

저에게 재정 상담을 받으러 오는 사람들이 늘 하는 말이 있어요.

"또 질렀어요⋯⋯."

그들은 대부분 자신감이 부족하고, 무작정 돈을 쓰고 나서는 후회하지요. 주위 사람의 조언이나 이런저런 정보에 자주 '팔랑 귀'가 되어 저축을 못하는 이른바 '돈에 끌려다니는 사람'이었습니다.

그들의 고민 해결을 도와주면서 저에게 강력한 소망이 하나 생겼습니다.

'옛날 나처럼 돈에 끌려다니느라 자유롭지 못한 삶을 사는 사람들을 구하겠어!'

그들이 돈에 대해서 직시해서, 인생을 더 즐기고 행복해질 수 있다면 정말 좋겠다고 생각했습니다.

하지만 그때까지 제가 해온 상담으로는 한계를 느꼈어요. 저는 돈 문제를 겪게 된 자기 원인을 파악하고, 소비 습관을 개선하고, 자산 형성에 관한 조언을 해왔는데, 그 정도로는 근본적인 변화를 일으킬 수 없다는 생각이 들었습니다.

"어떻게 하면 돈에 휘둘리지 않는 '돈을 끌어당기는 사람'이 될 수 있을까?"

이것이 자산관리사로서 오랫동안 품어온 제 인생 질문이에요. 그런데 여기에 답을 준 사람이 바로 심리학과 재능 계발 분야의 전문가인 기타바타 야스요시 씨였습니다.

"카사이 씨, 당신이 말하는 돈을 끌어당기는 사람이란 '돈에 대한 첫 경험'에서 자유로워진 사람일 거예요. 거기에서 벗어나면 돈을 벌고, 모으고, 늘리는 일까지 한꺼번에 해결할 수 있거든요."

저는 '첫 경험!?'이라는 표현에 흠칫 놀라 그게 무슨 뜻이냐고 물었습니다. 그가 말한 돈에 대한 첫 경험이란 자기 무의식 속에 '돈에 대한 믿음'이 자리 잡는 계기가 된 일을 가리켰습니다.

"예를 들어 떠나간 사랑에 연연하느라 행복해지지 못하는 사람이 있지요? 돈도 마찬가지예요. 예를 들어 부모님이 책이나 학원에는 돈을 썼지만, 예쁜 문구나 펜, 옷은 사 주지 않았던 사람이 있다고 하자고요. 그런 사람은 도움이 되는 것, 생산적인 것에는 돈을 써도 되지만, 놀이나 재미, 사치품에 쓰면 아깝다는 생각이 머릿속에 깊게 뿌리박혀 있어요. 그래서 어른이 돼서도 돈을 책이나 자격증에는 쓰지만, 놀이나 외식, 옷에는 아까워서 못 쓰지요."

기타바타 씨가 예로 드는 이야기들은 너무나 흥미로웠어요.

"또 부모님이 귀여운 동생에게는 원하는 걸 다 사 주고 애지중지

하는데, 첫째인 자신에게는 그렇지 않아서 늘 참아야 했던 상담자도 있었어요. 그는 커서도 자신은 잘살기 어려울 거라고 거의 포기한 상태였지요.

그런가 하면 시험에서 90점 이상 받아오면 원하는 물건을 사 주는 부모님 밑에서 자란 사람은 어떤 줄 아세요? 다른 사람의 기대에 부응해야 제대로 된 보상을 받을 수 있다고 생각해요. 스스로 원하는 바를 쟁취하지는 못하는 거지요. 그는 어른이 돼서도 상사나 고객의 기대에 부응하지 못하면 제대로 평가받지 못하는 게 당연하고, 돈도 못 벌 것이라고 생각해요. 늘 좋아하지도 않는 일을 하면서 남의 기대에 맞추느라 스트레스를 받고요."

돈에 대한 생각 습관부터 바꿔야 행복해진다

그의 이야기는 돈에서 시작해 행복 이야기로 이어졌어요.

"배우기, 저축하기, 참기, 타인의 기대에 부응하기는 모두 좋은 자산이에요. 그렇지만 많은 사람이 돈에 대한 첫 경험을 한 뒤 그 경험을 계기로 잘못된 생각이 싹튼답니다. 자라면서 기존에 당연하다고 믿는 것, 즉 자신이 가진 돈에 대한 믿음 때문에 직업과 돈 쓰는 방법을 자유롭게 선택하지 못하거든요.

돈은 원하는 것을 얻기 위한 교환 수단 중 하나예요. 자신과 소중한 사람의 행복을 위해 쓸 때 비로소 가치가 생기지요. 그런데 돈에 대한 첫 경험에 끌려다니며 잘못된 믿음에 사로잡혀 산다면 어떨까요? 그런 사람들은 돈을 자유롭게 쓰지도, 행복을 위해서 쓰지도 못한답니다."

기타바타 씨의 이야기를 듣고 저는 깜짝 놀랐습니다. 제 상담자들에게 이와 비슷한 이야기를 수도 없이 들었기 때문이에요. 무엇보다 저 자신의 과거가 들킨 것 같아 뜨끔했습니다. 저는 예전에 허구한 날 남들과 비교하면서 무언가를 채우느라 거액의 빚이 생겼습니다. 그런 제 경험도 그가 말하는 돈에 대한 첫 경험이 주요한 원인이었던 것 같아요.

누구나 자라온 환경과 부모님의 성향이 돈을 쓰는 방식에 영향을 끼칩니다. 그것도 생각보다 크게 말입니다. 바로 그 영향으로 돈 문제가 생기고 고민하는데, 이런 사례가 적지 않아요.

물론 그렇다고 자기 과거나 부모님을 부정하라는 말이 아닙니다. 오히려 부모님의 삶, 사고방식, 가치관 등을 받아들이고 더욱 의식적으로 돈이라는 녀석을 직시하면 좋지 않을까요?

어쩌면 당신은 지금껏 '돈'이라는 녀석을 최우선시하며 살아오느라 불안감에 시달렸을지 몰라요. 아니면 돈에 너무 둔감해서 돈의 의미나 성질을 모른 채 끌려다녔을 수도 있고요. 그것은 모두 돈에 대한 잘못된 믿음 때문이었을 겁니다.

머릿속에 자리 잡은 돈에 대한 믿음은 바로잡을 수 있습니다. 당장에 돈 때문에 울고 있어도, 곧 돈을 끌어당기는 사람으로 다시 태어나, 새 인생을 살 수 있을 거예요. 모두들 이 책으로 '인생을 결정짓는 것은 부모님도, 환경도, 돈도 아닌 자기 자신'이라는 당연한 사실을 깨닫기 바랍니다!

•

오늘부터 당장 돈을 끌어당기는 사람으로 거듭나자!

•

저는 실제로 여러 좋은 사례를 보아왔습니다. 돈에 대한 잘못된 믿음을 바꾸고, 스스로 삶을 결정짓고, 점차 돈의 불안에서 벗어나 하고 싶은 일을 실현해 나가는 사람들을 말이지요. 저는 비록 지금은 돈에 끌려다니고 있지만, 자신에게 솔직한 태도로 인생을 결정하고, 하고 싶은 일을 실현하길 원하는 사람들을 돕고 싶어요.

다만 저와 기타바타 씨는 돈에 관한 전문적인 공부를 한 사람이 아니에요. 그래서 대단한 지식은 없어요. 그렇지만 돈에 대한 첫 경험과 돈에 대한 믿음에 관해서는 전문가라고 할 수 있어요. 우리는 어떻게 하면 돈을 끌어당기는 사람이 될 수 있는지, 그 사고방식과 행동 비결은 무엇인지를 연구해왔으니까요.

이 책은 이런 내용으로 구성되어 있습니다.

1장에서는 돈에 관해 자신이 어떤 믿음을 가졌는지를 살펴볼 수 있어요. 이어서 그 믿음을 돈에 강해지는 쪽으로 바꾸는 방법이 담겨 있습니다.

2장에서는 돈을 끌어당기는 사람의 시간 이용법을 공개할게요.

3장에서는 돈이 붙는 사람은 어떻게 돈을 쓰는지, 핵심 비법을 알아볼 거고요.

4장에서는 돈을 끌어당기는 사람이 일하는 방식을 검토해봅니다. 또한, 자신의 가치를 높이고, 수입을 늘리는 방법도 소개해줄게요. 불안해하지 않고 여유 있게 살아가는 비결을 배울 수 있을 거예요.

다시 말하지만, 돈은 행복해지기 위한 도구입니다. 돈에 휘둘리지 않는 '돈을 끌어당기는 사람'으로 변신해 보세요. 돈을 자유롭게, 잘쓸 수 있게 될 거예요.

자신을 소중히 여기고 행복한 삶을 살기 위해 바로 다음 페이지를 넘겨보세요. 그리고 오늘부터 당장 '돈을 끌어당기는 사람'으로 다시 태어나기 바랍니다!

카사이 히로요

차
례

PART 1
belief 믿음
돈을 끌어당기는 사람은 무의식을 이용한다

PART 2

time 시간

돈을 끌어당기는 사람은
돈보다 시간을 귀하게 여긴다

PART 3

money 소비
돈을 끌어당기는 사람은
돈이 생기는 곳에 돈을 쓴다

PART 4

work 일
일하는 방식을 바꾸면 돈이 저절로 따라온다

PART 1

belief

: 믿음 :

돈을 끌어당기는 사람은 무의식을 이용한다

돈을 끌어당기는 생각 습관

돈이 안 모이는 이유, 무의식은 알고 있다

"돈이 없어서 하고 싶은 일을 못 해요."

'통장이…… 비었어!'

T 씨(33세)는 통장 잔고를 확인하는 순간 말문이 '턱' 막혔습니다.

그녀의 연봉은 4,000만 원대로, 결코 적지 않습니다. 하지만 에스테틱숍이며 네일숍, 헤어숍에 자주 다니는 데다 값비싼 건강보조식품을 구입하는 등 미용과 건강 쪽에 고정적으로 나가는 돈이 적지 않았습니다. 그러다 보니 현금이 자주 바닥나

곤 했습니다. 지금 잔고는 고작 8,200원. 매달 비슷한 수준으로 남아 있었지요.

"허구한 날 돈이 모자라요……."

M 씨(41세)가 상담실에 찾아왔을 때는 약 3년 전 여름이었습니다. 그녀는 생활이 어려울 만큼 월급이 적지 않았습니다. 그런데 각종 세미나와 스터디 등 비즈니스 찬스를 얻을 수 있는 모임에는 아무리 비용이 많이 들어도 적극 참여했습니다. 언젠가 꼭 창업을 하겠다는 의욕이 있었던 것이지요. 그 역시 스스로에게 과잉 투자한 탓에 지갑은 언제나 얇았답니다.

●

돈 생각만 하면 우울하세요?

●

T 씨와 M 씨는 '돈에 끌려다니는 사람'의 전형적 사례입니다. 돈에 끌려다니는 사람은 돈에 휘둘립니다. 머릿속 어딘가에 늘 돈 문제가 자리 잡고 있고, 돈 생각만 하면 기분이 우울하지요.

이 두 사람은 모두 적지 않은 수입이 있으면서도 T 씨는 자기 외모를 가꾸는 데, M 씨는 자기 내면을 갈고닦는 데 과한 투자를 했습니다. 이 때문에 돈을 허비하는 것도 아닌데 왠지 돈이 모이지 않았지요.

보통 '돈에 끌려다니는 사람'은 이런 말을 달고 삽니다.

"돈만 있으면 하고 싶은 일을 할 수 있을 텐데……."

"돈만 있으면 행복할 텐데……."

"돈만 있으면 애들에게 충분한 교육을 시킬 수 있는데……."

돈에 끌려다니는 사람은 습관적으로 '돈만 있으면'이라고 생각합니다. 그래서 날이면 날마다 돈에 휘둘린다는 느낌을 받습니다.

이런 사람들은 바로 '돈에 대한 믿음'부터 살펴봐야 합니다.

걸핏하면 드는 생각, '돈만 있으면!'

'돈에 대한 믿음'이란 한 사람이 '돈에 대해 절대적으로 믿는 바'를 말합니다. 이는 돈에 대한 그 사람의 '고정관념'이기도 합니다.

돈에 대한 믿음에는 인생의 선택지를 '넓히는 믿음'과 '좁히는 믿음' 두 가지가 있습니다. 당연히 돈을 끌어당기는 사람에게는 인생의 선택지를 넓히는 믿음이, 돈에 끌려다니는 사람에게는 인생의 선택지를 좁히는 믿음이 무의식 속에 깊숙이 뿌리내리고 있지요.

그리고 바로 그 돈에 대한 믿음 때문에 돈이 모이는 사람과 모이지 않는 사람, 돈을 잘 버는 사람과 못 버는 사람이 결정납니다.

조금 더 쉽게 설명해 볼까요?

앞에서 예로 들었던 T 씨는 돈을 많이 들여야 예뻐진다고 굳게 믿고 있습니다. 일단 돈을 들이붓고 나면, 그만큼 외모는 빛나게 되어 있다고 기정사실화합니다. T 씨의 돈에 대한 믿음은 '돈을 들여야 예뻐진다.'입니다.

마찬가지로 M 씨의 돈에 대한 믿음을 따져 봅시다. 그녀는 '돈을 들여야 능력을 키울 수 있다.'고 믿습니다.

그러나 '돈을 들여야 ○○할 수 있다.'는 믿음은 T 씨나 M 씨의 선택지를 좁힐 뿐 아니라 돈을 불릴 수 있는 기회마저 날리는 원인이 됩니다. 돈을 들일 수 있는지, 없는지에 따라 자신의 행동을 제한하기 때문이지요. 전형적인 '돈에 약한 믿음'을 가지고 있으니 지극히 당연한 결과입니다.

'감정 정리'를 못해서 자꾸 지른다고?

나도 '돈이면 다 된다!'는 생각에 사로잡혀 있을까?

혹시 나도 돈에 대한 잘못된 믿음을 가졌는지 궁금하다면, 다음 문장을 읽어보세요.

'이렇게 노력하는데도 항상 돈이 없는 이유가 뭘까?'

혹시 공감하셨습니까? 그렇다면 당신은 돈에 대한 잘못된 믿음에 사로잡혀 있을 확률이 높습니다.

그렇다고 절망할 필요는 없어요.

돈을 끌어당기는 사람이 되려면, 반드시 자신이 돈에 대한 어떤 믿음을 가졌는지 깨닫는 과정을 거쳐야 하니까 말입니다.

그러니 오늘 이 자리에서 '아, 내가 돈에 대한 잘못된 믿음에 사로잡혀 있구나!' 하는 사실을 깨닫는다면 그 자체가 바로 기회입니다. 왜냐하면 앞으로 어떻게 행동할지에 따라 돈을 끌어당기는 사람이 될 수 있는, 이른바 '발전 가능성'이 생기기 때문이지요.

•

"홧김에 돈을 펑펑 썼어요."

•

이제 돈에 대한 잘못된 믿음을 꼭 해결해야 하는 이유를 설명하겠습니다.

돈에 대한 잘못된 믿음을 가진 사람은 자신을 챙기고 돌보는 일을 항상 나중으로 미루다가 어느 순간 갑자기 지친 마음을 달래는 데 돈을 많이 낭비합니다.

"나는 언제나 열심히 일했고 최대한 아끼려 애쓰며 살았지만, 상황은 나아지지 않아."

그들은 이렇게 말하며 여유 있게 사는 사람이나 성공한 사람의 라이프스타일을 보면서 한숨을 쉽니다.

'그렇지, 저건 특별히 복 많은 사람이나 누리는 행운이니까. 나처럼 운도 재능도 없는 평범한 사람과는 무관해.'

이들은 쉬지 않고 일하고 아끼느라 너무 지쳐서, 스트레스가 한껏 쌓이다가 어느 순간 폭발해버려요. 그 결과 원하지도 않는 물건을 사거나 한 순간의 오락에 돈을 낭비하고 말지요. 돈에 대한 잘못된 믿음은 이 같은 악순환을 낳을 수 있어요. 이들의 진짜 문제는 무엇일까요?

이들은 돈이 모든 것을 해결할 수 있다는 생각에 물들어 있어요.

분명 돈은 이 세상 그 무엇도 살 수 있는 힘을 가졌어요. 부익부 빈익빈, 주거빈곤, 노후 파산과 같은 주제가 하루가 멀다 하고 언론에 등장합니다.

돈으로 무엇이든 할 수 있다는 '돈의 전능감'은 널리 퍼졌고 그 추세는 점점 커지고 있지요. 그러다 보니 잘못하면 '돈은 이 세상 모든 것 중에서 가장 가치 있으며, 나라는 사람보다 가치가 크다.'고 느끼고 맙니다. 나중에는 이런 생각도 하기 쉽습니다.

'돈만 있으면 무엇이든 손에 넣을 수 있다. 돈은 전능하다!'

심리학에서는 전능감을 '자신의 인생에 불만을 느낄 때 솟구

치기 쉬운 감정'이라 설명합니다.

무언가에 불만을 느껴서 침울한 감정이 생기면, 사람은 그 어두운 감정을 날려 버리기 위해 '돈만 있으면 뭐든 할 수 있다!'며 홧김에 돈을 펑펑 쓰게 되지요. 이것이 낭비의 시작입니다.

•

우울한 기분 날리려다 나를 잃을 수 있다!

•

심리학적 관점에서는 '과소비'를 이렇게 설명할 수 있습니다.

'인생의 불만에 대항하지 못할 때 일시적으로 무력감을 날리고자 돈을 씀으로써 자신에게 힘이 있다고 느끼는 행위'

하지만 이 행위는 '내 힘으로는 침울한 기분을 해결할 수 없으나, 돈의 힘으로는 가능하다.'는 생각을 굳히는 계기가 될 수 있어요.

돈으로 인생의 불만을 해결하면 할수록 '나보다 돈이 더 가치 있다.'는 '돈에 약한 믿음'이 강화됩니다.

다시 말해 돈의 전능감에 지배되면 감정 정리가 잘 되지 않을 때 자신의 문제를 모두 돈으로 해결하고 싶어집니다. 그런 삶을 행복한 인생이라 부를 수는 없겠지요.

돈에 끌려다니는 사람은 옆 페이지의 그림과 같이 점점 더 '돈에 약한 믿음'이 강화되는 악순환에 빠져듭니다.

돈의 전능감에 지배되면 아무리 돈이 많아도 부족하다고 느낍니다. 이런 태도로는 자기 문제를 근본적으로 해결할 수 없습니다. 경제적 자립과 자신의 행복도 점점 시야에서 멀어지게 되지요.

한편 돈을 끌어당기는 사람은 '돈에 강한 믿음'이 강화되는 선순환 속에 있습니다. 과소비하지 않고 정말 원하는 곳에만 돈을 쓰니까요. 그렇게 해서 자연스레 돈을 모으고 점점 나다운 인생을 실현해 나갑니다.

'돈에 끌려다니는 사람'의 악순환

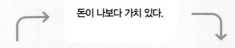

돈이 나보다 가치 있다.

돈은 전능하다.

그러므로 돈이 있어야 한다.

나는 문제를 해결하거나
바람을 실현할 수 없지만,
돈은 그럴 힘이 있다.

'돈을 끌어당기는 사람'의 선순환

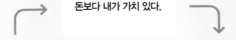

돈보다 내가 가치 있다.

그러므로 내가 할 수
있는 일은 한다. 돈이
도움 될 때는 돈을 쓴다.

돈은 교환 도구 중 하나다.

내게는 문제를 해결하거나
바람을 실현할 힘이 있다.

하고 싶은 일과 돈, 무엇이 우선일까?

돈 문제를 직시하지 못하는 진짜 이유

"자기 자신과 돈 중 어느 쪽이 더 중요한가요?"

제가 돈에 휘둘리고 싶지 않다는 사람을 상담할 때마다 던지는 질문입니다. 그럼 대부분은 당신처럼 "당연히 저 자신이 중요해요."라고 답하죠. 수입이나 자산과 상관없이, 압도적으로 많은 사람이 이렇게 말합니다.

"돈도 중요하지만, 인생에서 가장 우선시해야 하는 것은 내가 어떻게 살 것인가 하는 점이에요. 돈이 전부는 아니라고 생각해요."

이처럼 많은 이들이 돈보다 자기 자신을 소중히 여기고 싶어 합니다.

그런데 실제로도 그럴까요?

의식적으로는 그렇게 생각할지 몰라도 무의식 속에서는 '사실은 돈이 제일 중요하지……'라고 믿는 사람이 많습니다.

세상에는 두 종류의 사람이 있습니다. 첫째는 '나라는 사람은 돈으로 살 수 없는 존재야. 그러니 돈보다 내가 더 가치 있고 소중해.'라고 생각하는 사람입니다. 이들의 믿음은 돈에 휘둘리지 않고 강합니다.

둘째는 '돈만 있으면, 원하는 삶을 살 수 있어. 그러니 나보다 돈이 더 가치 있고 소중해.'라고 생각하는 사람입니다. 이들의 믿음은 돈에 쉽게 무너지며 약하지요.

●

나는 돈에 대한 믿음이 강할까? 약할까?

●

여기 당신의 믿음이 돈에 강한지, 약한지를 쉽게 확인할 방법이 있습니다. 다음 열 개의 질문에 직감적으로 yes인지 no인지 답해 보세요.

☐ 솔직히 말해서, 난 지금 좋아하지도 않는 일을 하고 있다.

☐ 이직에 관심은 있지만, 안정적인 생활을 잃을까 두렵다.

☐ 현재의 수입을 보장할 수 없는 상태에서 독립할 자신은 없다.

☐ 결혼이나 이혼을 하고 싶지만, 경제적 이유 때문에 미루고 있다.

☐ 갖고 싶은 물건이 있지만, 저축이 줄까 봐 못 사겠다.

☐ 하고 싶은 일이 있지만, 돈이 없어 못 한다.

☐ 할인이나 특가 상품을 보면 정신을 못 차린다.

☐ 비싼 물건은 좋은 물건일 거라고 철석같이 믿는다.

☐ 솔직히 나보다 잘 버는 동료, 동기와는 별로 어울리고 싶지 않다.

☐ 돈 많은 배우자를 못 만나는 이유는 내가 돈복이 없기 때문이다.

자, 어떤가요?

yes가 다섯 개 이상이면 당신의 믿음은 나보다 돈이 가치 있다고 생각하는 쪽, 즉 돈에 끌려다니는 쪽이라 할 수 있습니다.

가령 좋아하지도 않는 일을 하거나 안정적인 생활을 위해 일하는 것은 인생의 가치 중에 돈의 가치를 우선시하는 태도입니다. 자기감정에 따라 솔직하게 행동한 결과가 아니지요.

하고 싶은 일, 갖고 싶은 물건, 심지어 이혼조차 참는 사람은 돈을 중시하기 때문에 자기답게 사는 삶을 희생시키는 셈입니다.

또, 수입이 많은 사람이나 부자에게 열등감을 느끼고 있다면, 벌어들이는 금액으로 사람의 가치를 평가하고 있다는 증거랍니다.

그러므로 머리로는 돈이 아니라 어떻게 사는지가 중요하다고 생각하면서도, 무의식에는 '돈이 나보다 가치 있다. 돈이 있으면 직업부터 사람, 물건까지 뭐든 자유롭게 선택할 수 있다. 결국 인생은 돈으로 결정 나는 것'이라는 믿음이 굳게 박혀 있습니다.

•

돈 생각만 하면 불안한 사람은 행복해질 수 없다

•

여기서 주의할 점은 돈이 자신보다 가치 있다는 믿음에 사로잡혀 있는 한, 당신은 행복해질 수 없다는 사실입니다.

재산이 많으면서도 '돈이 없어지면 어쩌지?' 하며 불안해하는 사람은 돈이 자기 자신보다 가치 있다고 믿는 사람입니다.

돈에 대한 잘못된 믿음에 얽매여 살면, 돈 걱정이 끝도 없이 이어져 행복감 넘치는 삶을 살 수 없어요.

'내가 줄곧 나 자신보다 돈을 소중하게 여겼구나!'라는 무의식을 처음 만나면 누구나 기가 차서 말문이 막힙니다. 돈에 대한 잘못된 믿음에 얽매여 살아온 자신을 볼 수 있기 때문이지요.

이들은 인생의 여러 순간에 포기하거나 꾹 참았던 일의 근본 이유를 비로소 발견합니다. 그것은 '돈이 나보다 가치 있다!'는 왜곡된 믿음 때문이었고, 이 사실을 직시하면 보통 충격에 휩싸여요.

하지만 그런 충격이야말로 돈에 대한 잘못된 믿음에서 깨어나게 할 기상나팔 소리입니다. 자신이 얼마나 잘못된 믿음을 가지고 사는지를 인식해야 비로소 그 믿음에서 해방될 수 있으니까요. 그래야 돈이 따라오는 사람으로 다시 태어날 수 있습니다.

돈고생이 끊이지 않는 데는 이유가 있다

'나는 돈 들일 가치가 없어!'

돈만 있으면 원하는 삶을 살 수 있다, 자신보다 돈이 더 가치 있고 소중하다고 생각하는 사람은 돈에 끌려다니는 사람입니다. 그들은 시도 때도 없이 돈에 휘둘립니다. 그 결과 돈 때문에 고민하고 곤란을 겪습니다.

특히 아시아권 여성이 돈고생을 하는 데에는 몇 가지 이유가 있습니다. 그 문화적 배경과 시대적 변화를 포함한 다섯 가지 이유를 살펴보겠습니다.

돈에 관해 자문이나 상담을 하면서 이렇게 말하는 여성들을 여럿 만났습니다.

"어린 시절에 부모님이 오빠와 남동생만 예뻐하고 제게는 아무것도 사 주지 않았어요."

그중에는 할아버지에게 어차피 시집보낼 계집애를 뭐 하러 학교에 보내느냐는 말을 들으면서 자란 여성도 있었어요. 그녀는 결국 고등학교를 졸업하자마자 집을 뛰쳐나왔습니다.

이들은 오빠나 남동생과 비교해서 차별을 받으며 자랐다고 호소했어요. 주로 장난감, 옷, 학원, 운동, 진학 기회 같은 것에서 불이익을 받았다고 했습니다. 이 모두가 돈으로 사야 하는 것들이지요.

남존여비 사상이 남아 있는 가정이나 지역, 나라에서 자라면 남자는 돈 들일 가치가 있지만, 여자는 그렇지 않다는 생각이 자신도 모르게 무의식에 자리를 잡습니다.

이것이 여성이 돈에 약한 믿음을 가지기 쉬운 첫째 이유입니다. 물론 이런 현실에 맞서서 경제적으로 자립하는 여성도 있지만, 스스로 자립을 포기하는 여성도 아주 많지요. 자기도 모르게 돈에 끌려다니는 사람이 되어가는 것입니다.

'여자는 결혼만 잘하면 잘살아.'

남존여비 문화 속에서 자랐고, 자립할 기회가 없었던 옛날 여성에게 행복이란, 경제력이 있는 남성과의 결혼이었습니다.

특히 당신의 어머니 세대는 일을 하고 싶어도 할 수 없었거나 일한 대가가 매우 적었기 때문에 풍족한 생활을 위해서는 결혼이라는 선택지가 가장 현실적이었습니다.

그러다 보니 어머니 세대는 '여자의 행복은 결혼이다.', '돈 잘 버는 남자와 결혼해 잘 먹고 잘사는 것이 행복이다.', '여자가 일해서 벌어 보니 고달프더라.' 하는 믿음을 가졌습니다.

실제로 일해 본 적이 없는 사람도 '결혼하면 필요한 건 남편이 다 사 준다.', '여자는 힘들어서 일 못한다.' 같은 믿음을 얻었지요.

그리고 이 믿음을 특히 동성인 딸에게 은연중에 전하기 쉬웠습니다. 어머니가 '남편이 먹여 살리니 돈 못 버는 아내는 참고 살아야 한다.'라고 믿으면, 그 밑에서 자란 아이들은 자연스럽게 '여자인 내가 어떻게 남편만큼 벌어? 그 사람이 벌어오는데 내가 참아야지.' 하는 믿음을 갖게 됩니다. 그 결과, 인생을 옭아매는 속박까지도 그저 꾹꾹 참으며 삽니다. 스스로에게 지난 세대의 가치관을 주입한 결과입니다.

어머니가 살았던 시대의 사회 시스템 때문에 생긴 '어머니의 돈에 대한 믿음'이 현재를 사는 '당신의 믿음'에까지 영향을 미친 셈이지요.

●

'일이 없으면 지위는 없어.'

●

이와는 반대로 '난 조금 더 일하고 싶었는데…….', '벌이가 있었다면 ○○할 수 있었을 텐데…….' 하는 이야기를 어머니에게 듣고 자란 여성들은 '직업과 돈이 있으면 자유롭게 살 수 있지만, 그렇지 않으면 살아가는 데 자유를 잃는다.'는 믿음을 가지기 쉽습니다.

경제적으로 자립하면 자유로워진다는 이야기도 한편으로 맞습니다. 하지만 '자유를 얻으려면 반드시 자기 손으로 벌어야 한다.'는 생각이 너무 강하면, 돈이나 직업의 속박을 받아서 오히려 자유를 잃을 수 있습니다.

특히 '엄마는 직장도, 자기 일도 없어서 아빠 말을 들을 수밖에 없었어. 그러니 너는 꼭 직업을 가져라.'는 말을 듣고 자란 여성에게는 '일(돈) 없음 = 자유 없음'이라는 믿음이 형성되기 쉽습니다.

그래서 자신이 하고 싶은 일보다 돈이 되는 일을 선택하는 경우가 많습니다. 결혼한 후에는 배우자의 수입이 많아도 자신은 절대 일을 그만두면 안 된다는 생각 때문에, 원하지도 않는 일에 끝없이 끌려다니기도 합니다.

일을 좋아한다면 괜찮지만, 그렇지 않다면 고민해볼 문제지요. 그건 돈에 끌려다니는 삶이니까요.

•

'눈에 띄면 밉상이 될 거야.'

•

'눈에 띄면 미움받는다. 모난 돌이 정 맞는 법.'

이런 생각에 동의하시나요?

흔히 남성은 수직관계를, 여성은 수평관계를 중시한다고 하지요. 그런데 수직이든 수평이든 여럿이 늘어선 가운데에서 누구 하나가 툭 튀어나와 있으면, 질투와 비판의 표적이 되기 쉽습니다.

그러나 요즘 같은 시대에 눈에 띄면 미움받는다는 믿음을 가지고 있으면 돈에 끌려다니는 사람이 되기 쉽다는 점을 기억해야 합니다.

이를테면 블로거나 인스타그래머, 유튜버를 보십시오. 접속자수나 '좋아요'의 수가 많아 노출 빈도가 높으면 높을수록, 돈을 많이 벌 수 있습니다. 당신 주위에도 SNS로 자신만의 브랜드를 만들어서 사람들 눈에 많이 띔으로써 수입을 올리는 사람이 많을 겁니다.

IT가 개개인에게 힘을 부여하면서 세상은 크게 변했습니다. 돈을 끌어당기는 사람은 IT만 잘 활용해도 남의 도움 없이 혼자 힘으로 돈을 벌 수 있습니다.

기업에서 일하는 여성도 마찬가지입니다. 일하는 여성이 늘면서 임원 등 높은 자리를 차지하는 여성의 비율도 늘고 있습니다. 그렇지만 다수가 그렇지는 않지요. 대부분은 자신이 두드러지게 활약하면 주위에 질투를 살까 봐 두려워합니다. 그래서 높은 자리에 오르고 싶은 생각도 약합니다. 이들은 연봉을 늘릴 기회와 하고 싶었던 업무가 눈앞에 찾아와도 망설입니다.

반면에 무리에서 튀는 데 거부감이 적은 여성은 자신의 강점과 재능을 살려 점점 더 큰 활약을 펼칩니다. 그런 사람들을 보고 있으면 대부분은 왠지 뒤처지는 느낌이 들기 마련이지요.

'난 절대 저런 기회를 잡을 수 없을 거야.'

'난 저렇게 많이 벌지 못해.'

그들은 이런 생각을 혼자 하면서 자꾸 돈에 끌려다니는 사람이 되어가지요.

●

'결혼, 취직, 건강까지 돈만 있으면 다 돼.'

●

이제는 돈이 있으면 세상의 거의 모든 것을 살 수 있습니다. 당신이 돈을 원하는 이유도 돈이 있으면 뭐든 손에 넣을 수 있다고 생각하기 때문이 아닌가요?

그런데 돈은 생활을 편리하게도 해주지만, 동시에 '돈은 나보다 더 가치 있다.'는 믿음까지 함께 심어줍니다.

결혼 정보 시장과 이직 시장을 예로 들어봅시다.

커플 중매 서비스는 어찌 보면 결혼을 돈으로 사는 행위인지 모릅니다. 외모와 매력, 상대의 학력과 수입을 수치화한 뒤 조건이 좋은 이성을 찾아낼 수 있게 만든 시스템이니 말입니다. 사랑과 행복을 얻을 기회를 돈으로 쉽게 살 수 있게 만든 것이지요.

결혼정보회사를 통하면 이성을 만날 기회가 늘어납니다. 그러나 수치화한 조건이 나쁜 사람은 처음부터 아무도 상대해주지 않겠지요. 그럼 결국 결혼도 돈이 있어야 한다는 믿음으로 기울 것입니다.

또 이직 관련 서비스는 어떻습니까? 커리어를 돈으로 사는 행위로 볼 수 있지 않나요? 모든 것은 자신의 경력과 능력을 수치화하는 작업에서 비롯하니까 말입니다.

구직자는 '지금 내 수준이면 연봉을 얼마나 받을 수 있나?', 기업은 '급여를 얼마나 주면 원하는 인재를 살 수 있나?' 하는 기준으로 서로를 따집니다. 즉 이직 관련 서비스는 기업과 구직자가 서로 즉각적으로 판단을 내릴 수 있게 회사와 인물을 수치화하여 쉽게 노동력을 사고팔도록 돕습니다.

최근에는 의료 분야에서도 비슷한 현상이 일어나고 있습니다. 돈이 있으면 최첨단 의료 서비스를 받고 큰 병에 걸려도 생명을 지킬 수 있습니다. 이런 뉴스가 늘어남에 따라 사람 목숨에도 가격이 붙는 세상이라고 생각하는 사람도 늘고 있습니다.

예전과 달리 요즘 세상은 눈에 보이지 않는 것까지 돈으로 살 수 있습니다. 이로써 사람들에게 자꾸만 '돈이 나 자신보다 가치 있다.'는 돈에 약한 믿음을 무의식에 심어주고 있습니다. 이렇게 돈에 약한 믿음을 가지면 돈에 휘둘릴 수밖에 없습니다.

이제부터는 당신이 돈에 끌려다니는 사람이 된 이유를 조금 더 깊이 살펴보겠습니다.

돈에 끌려다니는 건 '잘못된 첫 경험' 탓

●

부모님 세대의 가치관에 맞춰 살면 행복할 수 없다

앞에서는 어떻게 돈에 끌려다니는 사람이 되어가는지 그 배경을 살펴봤습니다. 아시아권 특유의 문화와 시대 현상을 들어서 설명했지요.

그런데 돈이 붙는 사람이 되려면 그 사회 문화적 배경을 아는 것도 중요하지만, 반드시 극복해야 할 요소가 있습니다. 자신의 부모님이 형성해준 돈에 대한 잘못된 믿음이 그것입니다.

당신이 온전히 자신의 인생을 살아가려면, 지금 자신이 어떤 믿음을 가지고 있는지 돌아보아야 합니다. 시대의 흐름에 따라 결혼, 가족, 여성의 삶, 일하는 방식 등 삶의 다양한 측면에서 변화가 많았습니다. 그중에는 과거에는 옳았지만 더 이상 풍요로운 인생을 보장할 수 없는 믿음도 있습니다.

가령 부모님 세대는 이혼을 금기시하고 살았습니다. 하지만 요즘은 세 쌍 중 한 쌍이 결혼을 유지하지 못하고 갈라섭니다. 행복을 위해서라면 이혼도 선택지 중 하나가 된 것입니다.

또 부모님 세대와 달리 맞벌이가 당연해지면서 가사와 육아를 부부가 분담해야 한다고 생각합니다. 형편에 따라 가사 대행 서비스 업체나 베이비시터 등에게 가사와 육아를 아웃소싱하기도 하지요.

만약에 이혼은 절대 안 되고, 가사와 육아는 오직 아내의 몫이라 여겼던 부모님 세대의 가치관을 그대로 고수한다면, 요즘 세상에 자기다운 모습으로 살기 어렵습니다.

'돈에 대한 첫 경험'에 주목하자

부모님의 가치관은 당신의 돈에 대한 믿음에도 커다란 영향을 미쳤습니다. 왜냐하면 그 믿음은 당신의 '돈에 대한 첫 경험'

때문에 생긴 것이기 때문입니다.

어릴 적에 장난감을 사달라고 졸랐을 때 부모님에게 이런 말을 들은 적이 있습니까?

"장난감은 안 돼. 하지만 책은 사 줄게."

돈에 대한 첫 경험이 그랬다면 '돈은 도움 되는 곳에 써야 한다. 즐거움을 위해 쓰는 건 좋지 않다.'는 믿음을 가진 어른으로 성장할 수 있습니다.

돈에 대한 첫 경험은 한 사람이 장차 돈을 쓰는 방식과 가치관에 크나큰 영향을 미친다는 이야기입니다.

앞서 언급한 사례의 경우, 자기 손으로 돈을 벌게 된 후에도 '일에 필요한 책이나 자격증을 따는 데 드는 돈은 써도 아깝지 않지만, 쇼핑이나 해외여행 같은 오락에는 아까워!' 하고 생각할 때가 많을 겁니다.

이 밖에 제가 보아온 '돈에 대한 첫 경험이 현재의 믿음을 형성한 경우'를 유형별로 정리해보겠습니다.

자신을 위해 돈을 쓰는 데 거부감을 느끼는 유형

부모님이 자기 자신은 뒷전으로 밀어놓고, 자식인 나에게 모든 것을 양보하며 산 것에 가슴 아파한다. 그러면서도 나 역시 돈은 다른 사람을 위해 쓰는 것이며 자신을 위해 써서는 안된다는 믿음이 있다.

남이 주는 돈을 받는 데 거부감을 느끼는 유형

어머니가 아버지의 월급을 받을 때마다 미안해했기 때문에 '가족을 포함해 누군가로부터 돈을 받는 건 미안한 일'이라는 믿음이 있다.

자신이 쓸 돈은 스스로 번다는 유형

어머니가 일을 했기에 아버지가 버는 돈과는 별도로, 원하는 물건은 당신이 번 돈으로 사서 쓰는 것을 보며 자랐다. 그래서 '내가 번 돈은 내 마음대로 쓸 수 있다!'는 믿음이 있다.

이처럼 모든 사람에게는 돈에 대한 첫 경험이 있는데, 그것이 현재의 믿음으로 직결되는 경우가 많습니다.

자신이 돈에 약한 믿음에 사로잡혀 있다고 자각했다면, 왜 그렇게 생각하는 버릇이 생겼는지, 그 계기가 되었던 첫 경험을 찾아내야 합니다.

첫 경험을 통해 과거를 알아야 비로소 왜 지금과 같은 믿음을 가지게 되었는지 그 이유를 알 수 있고, 미래를 바꿀 결단도 할 수 있습니다. 과거를 제대로 알고 현재를 이해하면, 지금 자신이 가진 믿음으로 미래의 선택지가 늘어날지 줄어들지를 판단할 수 있습니다.

왜 '정말 하고 싶은 일'을 시작하지 못할까?

'먹고살려면 지금 하는 이 일을 계속해야 해.'

'하고 싶은 일이 있지만, 그걸로 돈을 벌 자신이 없어. 생계를 위해서는 지금 하는 일을 계속할 수밖에 없을 거야.'

이런 고민을 하는 사람이 적지 않습니다. 제 지인 K 씨도 그랬습니다.

K 씨는 대학 졸업 후 화장품 회사에 취직했지만, 아버지 회사를 돕기 위해 하는 수 없이 퇴사했습니다. 그렇게 아버지와 가족을 위해 일하다가 스물여덟 살이 되었을 때, '이대로는 안

되겠다!'는 생각을 했다고 합니다.

그녀는 사실 미용업계에서 메이크업 일을 하고 싶었습니다. 그렇다고 아버지 회사를 그만두고 메이크업 일로 독립하려니 경제적으로 너무 불안할 것 같았습니다. 그야말로 '하고 싶은 일은 있으나 돈을 벌 자신은 없는' 상태였지요.

K 씨가 고민에 빠진 이유는 '자신보다 돈이 더 중요하다!'는 생각, 다시 말해 돈에 약한 믿음 때문이었습니다.

내 손으로 돈을 벌 능력 따위는 없는 게 분명하다는 근거 없는 생각이 돈에 대한 믿음과 결부되면서 K 씨의 행동을 규정지은 것입니다.

＊

부모님의 입버릇이 잘못된 믿음을 만든다

＊

K 씨가 어머니에게 끊임없이 들어온 이야기가 있었습니다. 어머니는 입버릇처럼 '제대로 된 회사'에 들어가라고 하였습니다. '제대로 된 회사'에 들어가야 그 회사에 돈이 있기 때문에 월급이 꼬박꼬박 나오고, 그 덕에 안정적인 생활을 할 수 있다는 것이 그 이유였습니다.

뒤집어 말하면 '제대로 된 회사에 들어가지 않으면 돈이 궁해서 안정적인 생활을 할 수 없다.'는 뜻이 되겠지요.

하고 싶은 일이 있는데 용기 있게 첫발을 내딛지 못한 이유도 '제대로 된 회사에 들어가야 생계가 유지될 것'이라는 불안감 때문이었습니다. 어머니가 심어준 돈에 대한 믿음이 무의식에 남아 그녀의 행동을 가로막았던 셈입니다.

물론 부모님은 자식을 귀하게 여겨서 '제대로 된 회사에 들어가라.', '안정이 최고다.', '악착같이 일하라.'고 말했을 것입니다. 그러나 그런 이야기가 자식에게는 '돈 벌기가 얼마나 어려운 줄 아느냐?', '너는 네 힘으로 돈을 벌 능력이 없다.' 등으로 잘못 전달될 수 있습니다.

그 결과 '나는 돈보다 가치가 떨어진다.'는 믿음에 사로잡혀, 하고 싶은 일에 도전하기 위한 첫걸음조차 내딛지 못하는 어른이 된 것이지요.

K 씨뿐만이 아닙니다. 어릴 적 들었던 부모님 말씀을 비롯해, 돈과 관련한 여러 경험을 잘못 해석해서 저장해놓음으로써 돈에 대한 잘못된 믿음을 가지고 사는 사람이 적지 않습니다.

돈에 대한 생각 습관, 당장 바꾸자!

옷 고르듯, 나답게 사는 법을 고르자

돈에 대한 첫 경험과 어린 시절 부모님에게 들었던 이야기가 돈에 대한 믿음과 깊은 연관이 있다는 점은 충분히 이해하셨 으리라 생각합니다.

그런데 그 믿음을 바꿀 수 있다는 점이 중요합니다. 당신이 현재 부정적인 믿음을 가졌다면 돈을 끌어당기는 사람이 가지 는 긍정적인 믿음으로 바꿀 수 있습니다.

물론 기존의 믿음에 익숙한 사람에게 새로운 믿음은 심리적으로 받아들이기 어려울 수 있습니다. 하지만 부모와 자식, 남성과 여성, 고참과 신참 등 서로 다른 믿음의 충돌은 언제나 사람을 성장하게 합니다. 자기답게 살기 위해서는 피할 수 없는 과정이지요.

그러니 만약 돈을 끌어당기는 사람이 되고 싶다면, 지금 이 순간 '스스로 새로운 믿음을 만들겠어!'라는 굳은 결심을 하세요.

왜 그래야 하는지 두 가지 이유를 이야기해볼게요.

●

돈에 강한 믿음을 가져야 하는 이유

●

첫째, 돈을 끌어당기는 사람은 자신의 일을 남에게 맡기지 않고, '스스로 결정'하기 때문입니다. 둘째, 돈을 끌어당기는 사람은 어떤 장소에 누구와 함께 있건 '자신의 기준으로' 살기 때문입니다.

지금은 그 누구도 행복에 관해 틀에 박힌 정의를 내리지 않습니다. 모든 이가 각자 자기다운 행복을 지향하지요. 시대적 배경이 다른 부모님의 삶의 방식이나 유명인의 생활방식을 흉내 내서는 자기답게 살 수 없다는 사실을 많은 이들이 깨닫기 시작했습니다.

　마치 취향대로 옷을 고르듯 자기답게 살 수 있는 길을 스스로 선택하면 됩니다.

　당신이 '자기만의 행복 모델'을 찾아서 인생을 디자인해가는 법을 배우는 것이 중요합니다. 그러기 위해서 이 책에서 말하는 '돈에 강한 믿음을 갖는 법'을 알아두시기 바랍니다. 돈을 끌어당기는 사람은 '최고의 인생을 사는 자신만의 힘'을 갖추고 있습니다. 그리고 그 힘은 당신 안에도 잠들어 있답니다.

●

돈에 대한 믿음을 직시하면 끌려 다니지 않는다

●

여러 번 강조합니다만, 지금껏 돈에 휘둘리며 살았다 해도 자신의 돈에 대한 믿음을 직시한 순간부터 돈이 잘 붙는 사람으로 바뀔 수 있습니다.

　저는 15년이 넘도록 강사로 일하며, 무려 5,000명이 넘는 경영자와 영업자의 재능을 일깨워주었습니다. 수강생 중에는 자신의 믿음을 알아차리자마자 순식간에 돈을 끌어당기는 사람으로 변신하는 사례가 많았습니다.

그들도 처음에는 돈에 끌려다니는 사람이었습니다.

'돈이 없어서 하고 싶은 일을 할 수 없어.'

'나름 애를 쓰는데도 맨날 돈이 없지.'

'나는 돈을 많이 받을 자격이 없거든.'

이런 무거운 고민을 안은 채, 돈을 부르는 사람이 되기를 그저 바라고만 있었지요.

그러나 수강생들은 '더 이상은 돈에 끌려다니는 사람으로 살지 않겠다.'고 다짐했습니다. 이들에게 저는 가장 먼저 '자신이 가진 돈에 대한 믿음 직시하기'를 권합니다.

사람은 누구나 제각기 다른 믿음을 가지고 사니까 말입니다.

당신도 아직 제대로 파악하지 못한 자신의 믿음을 알아차릴 필요가 있습니다. 그렇게 하면 틀림없이 돈을 끌어당기는 사람으로서 새로운 인생이 펼쳐질 것입니다.

·

'능력은 돈이 아니라 나에게 있어!'

·

앞서 K 씨가 잘못된 믿음에 사로잡힌 계기는 어린 시절 경제적으로 힘들었기 때문이었습니다.

부모님은 학생 신분에 결혼했습니다. 아버지가 충분한 경제력을 갖추기 전에 그녀가 태어났고, 그로부터 몇 년 뒤에 남동생도 태어났습니다. 아버지는 생계를 책임지기 위해 일벌레가 되었고, 어머니는 늘 육아 스트레스에 지쳐 있었습니다.

부모님은 서로 사랑했지만, 매일 다툼이 끊이지 않았습니다. 그녀는 언제나 머릿속에 부모님 걱정이 가득했고, 두 사람 사이에서 완충재 같은 역할을 하게 되었습니다.

그녀는 어머니를 보면서 돈에 대한 첫 경험을 얻었습니다. 어머니는 경제적으로 어렵고, 육아에 지쳐 있었으며, 아이들 걱정이 많았습니다.

그녀가 메이크업 일을 직업으로 택하지 않은 이유는 '프리랜서가 되면 자기까지 경제적으로 불안정해지니까, 지금보다 더 어머니에게 걱정을 끼치고 부담을 줄까 봐' 불안했기 때문이었습니다.

이는 '내가 결혼해서 집을 나가면 친정을 돌볼 사람이 없어지니 부모님이 슬퍼하실 거야.' 같은 생각을 하면서 자신이 좋아하는 상대가 아니라 부모님이 좋아할 만한 결혼 상대를 찾아다니는 여성과 비슷합니다.

K 씨는 '우리 집은 돈이 없어.', '돈이 없으면 가족끼리 다투고 불화가 생겨.'라는 믿음을 가지고 살았기 때문에 '나까지 돈이 궁하면 어머니 걱정이 더 늘어나.', '자신도 없으면서 괜히 프리랜서로 나서서 집안에 걱정을 끼칠 수는 없거든.'이라고 생각한 것이지요.

●

'좋아하는 일을 선택해서 자립하자!'

●

돈에 대한 자신의 믿음을 직시한 그녀는 고민했습니다.

지금까지 그랬던 것처럼 어머니에게 걱정을 끼치지 않는 인생을 살 것인가?

아니면 꿈을 이룰 수 있는 인생을 살 것인가?

20년 넘게 어머니를 걱정시키지 않는 삶을 중시해 온 그녀에게 참으로 큰 용기가 필요했습니다. 그러나 K 씨는 결정했습니다.

'어머니와 꿈, 모두 중요해!'

'꿈도 포기하지 않고, 어머니에게도 부담도 안기지 않는 방법이 있을 거야.'

'좋아하는 일을 해서 경제적으로 자립하자!'

고민 끝에 어렵게 결단을 내리고는 무료 메이크업을 받을 희망자를 모았습니다. 친구들이 입소문을 내준 덕에 신청자는 넘쳐났고, 그렇게 이름이 알려지자 반년 뒤에는 관련 행사에도 초청받았습니다.

희한하게 어머니도 그녀의 모습을 즐겁게 지켜보았습니다.

어린 나이에 결혼해 육아에 치여 살았던 어머니는 당신과는 달리 좋아하는 일을 하는 딸을 보면서 대리만족을 느꼈는지도 모릅니다.

이처럼 일하는 방식, 돈을 쓰는 방식은 부모 자식이라도 서로 다른 법입니다. 경험이 다르면 가치관도 달라지기 때문이지요. 당신과 부모님의 가치관이 다르고, 사는 방식이 다른 것은 매우 자연스러운 현상입니다. 서로 다르게 산다고 해서 부모 자식 관계가 끊어지는 것도 아니잖아요?

진실한 관계라면 사고방식이나 가치관, 살아가는 방식이 달라도 서로가 서로를 인정하고 함께할 수 있습니다.

K 씨는 돈에 대한 잘못된 믿음에서 자유로워졌고, 스스로 빛나는 길을 택했습니다.

지금의 당신도 다르지 않습니다. 자신이 돈에 대해 어떤 믿음을 가졌는지 알아차려 보세요. 그리고 그 믿음을 돈을 끌어당기는 쪽으로 바꿔보세요. '나는 돈보다 가치 있어!', '능력은 돈이 아니라 나에게 있는 거야!'라고 믿으면 당신의 인생은 완전히 달라질 겁니다.

'결정을 내린' 사람은 자유를 누릴 수 있습니다.

나는 돈에 대해 어떤 무의식적 믿음이 있을까?

•

현재 자신의 믿음을 알아내자

•

돈을 끌어당기는 사람이 되려면, 우선 지금 당신이 가진 믿음의 유형부터 파악해야 합니다.

돈에 대한 믿음은 네 가지 유형이 있습니다. 이는 아래와 같이 두 개의 기준으로 나뉩니다.

- 돈이 있다
- 돈이 없다

- 돈을 얻어낼 수 있다
- 돈을 얻어낼 수 없다

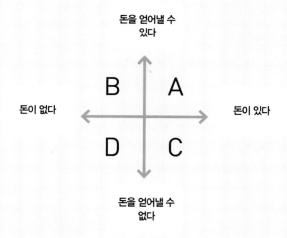

돈에 대한 믿음의 네 가지 유형

돈을 얻어낼 수
있다

B A

돈이 없다 돈이 있다

D C

돈을 얻어낼 수
없다

　제가 어린 시절에 돈에 관해 형성된 사람들의 믿음을 조사해 본 결과, 크게 이 네 가지 유형으로 나눌 수 있었습니다. 즉 돈이 있다, 돈이 없다, 돈을 얻어낼 수 있다, 그럴 수 없다 중에 어떤 생각을 했는지에 따라서 현재 당신이 가진 믿음의 유형이 정해집니다.

어릴 적 당신은 다음 중 어느 유형에 속했나요?

- 부모님이 하고 싶은 일은 뭐든 할 수 있게 허락해주었다.
- 부모님은 내가 갖고 싶은 물건은 무조건 사 주었다.

- - - - -> A유형(돈이 있다 × 돈을 얻어낼 수 있다)

- 부모님이 열심히 일한 덕분에 학교와 학원을 다닐 수 있었다.
- 부모님은 내가 갖고 싶은 물건은 대체로 사 주었다.

- - - - -> B유형(돈이 없다 × 돈을 얻어낼 수 있다)

- 부모님이 오빠와 여동생은 하고 싶은 일을 시켜주었지만, 나는 그렇지 않았다.
- 부모님은 왠지 나에게는 갖고 싶은 물건을 사 주지 않았다.

- - - - -> C유형(돈이 있다 × 돈을 얻어낼 수 없다)

- 부모님은 내가 하고 싶은 일이 있어도 시켜주지 않았다.
- 부모님은 내가 갖고 싶은 물건이 있어도 사 주지 않았다.

- - - - -> D유형(돈이 없다 × 돈을 얻어낼 수 없다)

이것이 돈에 대한 믿음의 네 가지 유형입니다. K 씨의 경우, 어릴 때 부모님이 경제적으로 여유가 없었으므로 부모님에게 돈을 받을 때도 있었고, 그렇지 못할 때도 있었습니다. 그래서 B와 D 유형의 중간이었는데, 어른이 되어서도 같은 유형이 그대로 유지되었습니다.

그런데 먼저 '돈이 있다. 없다'는 믿음을 만드는 근거는 객관적인 경제 사정이 아니라는 점에 주의해주세요.

예를 들어 아무리 부잣집에 태어나 자랐어도 '우리 집에는 돈이 없다.'는 이야기를 들으면서 자란 아이는 '우리 집에는 돈이 없구나.'라는 생각을 합니다.

'할아버지가 남긴 재산은 집안 재산이니까 잘 지켜야 한다.'는 이야기를 들으며 자란 아이는 '돈은 있지만 쓰면 안 된다.'고 생각하는 C유형입니다.

친구들 눈에는 유복한 집 자식이라 A유형으로 보이는 사람이라도 그 자신이 '우리 부모님은 정말 가지고 싶은 물건을 사주지도, 하고 싶은 일을 하게 해주지도 않았다.'라고 생각한다면 C유형, 즉 '돈이 있지만 얻어낼 수 없다.'는 유형의 믿음을 가지게 됩니다.

반대로 너무나 가난한 환경이어서 경제적 지원은 못 받았지만, 속상해하지 않고 노력해서 장학금도 받고 동아리 활동을 잘해서 교장 추천으로 원하는 대학교나 대학원까지 진학한 사람은 B유형입니다.

다시 말해 돈에 대한 믿음이란 객관적인 경제 사정이 아니라 '돈이 있다고 느끼는지, 없다고 느끼는지, 얻어낼 수 있다고 여기는지, 얻어낼 수 없다고 여기는지' 같은 주관적 느낌에 따라 결정된다는 말입니다.

과거에 형성된 믿음이 인생을 지배할 수 있다

어린아이로서는 당연히 집안의 경제 사정이나 부모님의 생각을 바꿀 수 없습니다. 따라서 아이의 의사와 무관하게 돈에 대한 믿음은 그 당시 자란 환경에 따라 형성됩니다.

그런데 막상 어른이 되고 나서 환경이 바뀌었거나 바꿀 수 있게 된 다음에도 계속해서 과거에 형성된 믿음에 사로잡혀 사는 사람이 적지 않아요. 이는 매우 위험합니다!

자신의 선택으로 회사, 일하는 방식, 만나는 사람, 파트너를 모두 바꿀 수 있는데도 과거의 믿음이 시키는 대로 회사, 일, 수입, 사람을 선택한다는 뜻이니까요. 믿음은 그렇게 당신의 인생을 지배합니다. 그래서 무섭다는 이야기입니다.

사실 K 씨도 '얻어낼 줄 모르는' 여성이었습니다. '어머니는 고생만 하고 뭐 하나 보상받지 못하며 사는데, 나만 다 얻어내며 살 수는 없어……'라고 생각하며 자랐습니다. 그래서 필요한 사람들에게 메이크업을 해주고 대가를 받거나 남성에게 식사 대접을 받는 것에 주저하기 일쑤였습니다.

이처럼 자신이 가진 믿음을 알아차리지 못하면 그 믿음이 파놓은 덫에 걸러들고 맙니다. 그렇게 되기 전에 지금 멈춰 서서 자신의 돈에 대한 믿음을 분명히 파악해두어야겠지요!

•

돈을 얻어낼 때마다 생각 습관이 반복된다

•

돈에 대한 믿음은 어린 시절의 경험을 바탕으로 형성됩니다. 어른이 되면 그 믿음이 일하는 방식부터 타인과 관계 맺는 방식, 나아가 수입과 자산까지 영향을 미칩니다.

어릴 때는 누구나 부모님에게 용돈을 받아서 썼습니다. 어른이 되면 그 형태가 바뀌어 회사에서 월급을 받지요.

그러면서 어릴 때는 돈을 가진 부모가 대단하다(가치 있다)고 생각하고, 어른이 되어서는 돈을 가진 회사나 사장을 대단하게 여깁니다. 돈을 받을 수 있을지 없을지는 아이와 직원이 정하는 것이 아니라 부모와 회사가 정하기 때문입니다.

혹시 자라면서 이런 말을 자주 들었나요?

"아버지가 안 된다고 하면 안 돼!"

어린 시절에는 돈이 아이의 생각대로 움직이지 않습니다.

모든 이의 돈에 대한 첫 경험은 '벌기'가 아니라 '받기'니까 말입니다.

그런데 어릴 때 돈을 얻어낼 수 있었는지, 그러지 못했는지에 따라 '돈보다 내가 가치 있다.'는 믿음을 가지게 될지, '돈이 나보다 가치 있다.'는 믿음을 가지게 될지도 정해진답니다.

그래서 '여자는 학교에 안 가도 돼.', '그런 곳에 돈을 쓰는 건 낭비야.'라는 말을 들으며 자란 사람이 어른이 되어 '나에게는 돈을 들일 가치가 없어.'라는 생각을 갖는 건 어쩌면 당연한지 모릅니다.

이렇게 '돈을 얻어낼 때마다 반복되어 길이 든 태도'는 말투나 자세처럼 주의를 기울이지 않으면 세 살 버릇이 그대로 굳어져 어른이 되어도 변하지 않습니다.

어릴 때 형성된 믿음을 그대로 지닌 채 어른이 되면, 각 유형별로 다음과 같은 사고의 성향을 나타냅니다.

A유형(돈이 있다 × 돈을 얻어낼 수 있다)**이 그대로 어른이 되면**

하고 싶은 일에 도전하고, 갖고 싶은 물건이 생기면 얻을 방법을 생각해서 행동한다. '나는 필요한 돈이 있고, 나는 돈을 얻어낼 수 있어!'

B유형(돈이 없다 × 돈을 얻어낼 수 있다)**이 그대로 어른이 되면**

수중에 돈이 있건 없건 하고 싶은 일을 한다. '갖고 싶은 물건도 내 노력 여하에 따라 가질 수 있을 거야. 분명 나는 잘될 거야.'

C유형(돈이 있다 × 돈을 얻어낼 수 없다)**이 그대로 어른이 되면**

노력을 하는데도 왠지 얻을 수 없다고 생각한다. '기회가 오지 않아. 원하는 바를 얻은 적도 있지만, 정말 그걸 원했는지 헷갈렸지. 만족스럽지가 않아. 원하는 걸 얻어낼 수 있는 사람이 부러워.'

D유형(돈이 없다 × 돈을 얻어낼 수 없다)**이 그대로 어른이 되면**

하고 싶은 일, 갖고 싶은 물건이 있어도 자신은 안 된다고 생각한다. '돈에 여유가 없으니까. 지금도 빠듯해. 노력해도 바뀌는 건 없어. 어차피 난 얻어낼 수 없을 거야.'

여러 사람의 이야기를 듣다 보면 대부분 이 네 가지 유형 중 하나에 속한다는 사실을 알 수 있습니다.

사실 돈을 끌어당기는 사람들은 과거에 어떤 유형의 믿음을 가지고 있었건 간에, 일정 단계가 되면 A유형의 믿음으로 바뀌는 사례가 많습니다.

어른이 되는 과정에서 일어나는 환경의 변화와 경험을 통해서, 그 사람이 가진 믿음이 변하는 사례는 드물지 않습니다.

'가난한 가정에서 자랐기에 아르바이트를 하면서 대학에 다녔고, 연봉이 높은 기업에 취직해 지금은 돈을 잘 번다.' 하는 사람도 많습니다.

이건 그들이 스스로 자신의 믿음을 바꾸겠다고 결심했기 때문입니다.

부모님에게 배운 믿음 그대로 평생을 살지는 않겠다고 '결정하는' 그 순간부터 당신의 금전운은 바뀐다는 사실을 꼭 기억하기 바랍니다.

당신도 돈을 끌어당기는 사람으로 거듭날 수 있다

돈을 끌어당기는 사람으로 변신한 네 명의 실제 사례

돈에 대한 믿음에는 네 가지 유형이 있다고 설명했습니다.

여기서는 어린 시절에 자란 환경 때문에 가졌던 자신의 믿음을 뒤집고, 결과적으로 돈에 강한 사람으로 변신한 사람들의 에피소드를 소개하고자 합니다.

A유형(돈이 있다 × 돈을 얻어낼 수 있다): 이와이 히로미 씨의 사례

20대에 결혼한 뒤 줄곧 전업주부로 살던 이와이 씨는 50세가 넘어서 비로소 돈을 끌어당기는 사람으로 변신했습니다.

이와이 씨가 돈이 붙는 사람이 된 계기는 '배움'이었습니다.

50세가 넘어 코칭 공부를 시작한 이와이 씨는 천부적인 예리한 감각을 살려서 훌륭한 코치라는 평판을 쌓아 나갔습니다.

운도 좋았지만, 그게 전부는 아니었습니다. 실력 향상을 위해 '재능진단기법'까지 배우는 등 공부를 게을리 하지 않았던 것입니다.

20대에 결혼과 함께 회사를 그만둔 뒤로 줄곧 전업주부로 살던 여성이 갑자기 남의 목표 달성을 돕는 코치로 성공한 사례는 매우 드뭅니다. 저는 그녀에게 직접 이야기를 들어보았습니다. 그랬더니 이와이 씨는 전형적인 A유형(돈이 있다 × 돈을 얻어낼 수 있다)의 믿음을 가진 사람이었습니다.

그녀는 어릴 때부터 '갖고 싶은 물건은 가진다.', '하고 싶은 일은 하면 된다.'고 생각했다고 합니다. 또 부모님에게 돈과 사물의 가치에 관해 제대로 교육을 받아왔다고 했습니다. 그렇기 때문에 뒤늦게 직업을 갖고 돈을 벌었지만, 기존에 자기 안에 잠재되었던 돈을 부르는 요소가 꽃을 피울 수 있었던 것이지요.

이와이 씨는 이렇게 말했습니다.

"저는 자신이 가치 있는 사람이라는 생각을 공유할 수 있는 클라이언트와 함께 성장하고 싶어요. 그러기 위해서 아주 공들여서 클라이언트를 지원하고 있지요. 그런 만큼 더더욱 그 가치를 이해해주는 클라이언트와 함께하고 싶네요."

그녀는 자신이 돈 받을 가치가 있는 사람이라는 점을 분명하게 자각하고 있었습니다.

그리고 일과 가정을 병행하는 '워크 라이프 밸런스'에 관해서도 자기 나름대로 철학이 뚜렷했습니다.

"저는 집안일을 좋아해요. 가족은 인생의 기반이니까요. 가정과 일을 양립할 수 없는 방식으로 일한다면 본말이 전도된 거라고 봐요. 그래서 일하는 양을 신경 써서 조절하고 있지요."

이것도 돈을 끌어당기는 사람 특유의 자세라고 할 수 있습니다.

B유형(돈이 없다 × 돈을 얻어낼 수 있다): 니시무라 유키코 씨의 사례

디자이너인 니시무라 씨는 어머니가 늘 "돈 없다. 돈 없다."는 소리를 달고 사셨다고 옛일을 떠올렸습니다.

"아버지는 집에 거의 돈을 가져다주지 않으셨고, 생계를 어머니가 책임졌어요."

그런 상황에서도 니시무라 씨의 어머니는 여름방학에 할머니 댁에 갈 때마다 딸에게 예쁜 원피스와 구두, 모자를 사 주었고, 딸이 무언가를 배우고 싶다고 할 때는 아낌없이 지원해주었다고 합니다.

그런데 니시무라 씨의 아버지는 그녀의 대학 입학과 동시에 아예 행방을 감추었습니다. 그때 충격에 빠진 어머니가 이런 이야기를 했다고 합니다.

"돈이 없다는 건 자유가 줄어든다는 뜻이야. 남자가 벌어온 돈을 쓰려면 쇼핑을 하거나 외출할 때마다 '사도 돼? 나갔다 와도 돼?'라고 일일이 허락받아야 해. 그러니까 경제적으로 자립을 해야겠지?"

이런 이야기를 들으며 산 덕분인지 그녀는 경제적으로 자립할 결심을 했습니다.

일단 자기 손으로 학비를 감당하기 위해 성적 우수 장학금을 받았고 수석으로 대학을 졸업했습니다. 게다가 학업에 매진하는 틈틈이 가정교사, 학원 강사뿐 아니라 이벤트 회사의 아르바이트도 뛰어서 학창시절에 월 300만 원 정도는 스스로 벌었다고 합니다.

니시무라 씨는 '집에 돈이 없다.'는 생각이 '내게는 돈이 있다.'는 생각으로 바뀐 시점이 고등학생 때였다고 말했습니다.

신사(神社)의 여신관(女神官) 아르바이트 구인 광고를 보았는데, 광고에 적힌 하루 보수가 무려 10만 원이었다고 해요. 연말연시만 일하는 조건이었고, 고등학생 신분으로서는 거금을 벌 수 있는 기회였습니다. 그녀는 그 기회를 손에 쥐면서 인식의 대전환을 맞았습니다.

'내 주위에도 돈이 있구나!'

그녀는 이렇게 덧붙였습니다.

"이후에는 성적이 좋아서 장학금을 받을 수 있었지요. 일하러 가서는 손님들에게 돈을 받을 때도 있었고요. 웨딩드레스 맞춤 제작도 처음에는 제가 입을 실크 드레스가 없어서 시작했거든요. 그런데 생각해 보니까 저처럼 고민하는 여성이 많을 것 같았어요. 그런 사람들이 입고 싶을 만한 드레스를 만들면 되겠다 싶었지요."

활짝 웃으며 설명하는 니시무라 씨는 미스 인터내셔널 대회의 공식 디자이너이기도 합니다. 지금은 자신의 이름을 내건 아티스트로서 새로운 분야의 활동도 시작했습니다.

"가치를 제공하면 돈을 가진 사람들에게 돈을 얻어낼 수 있습니다."

이 말만 들어도 니시무라 씨는 돈을 끌어당기는 사람이 분명합니다.

C유형(돈이 있다 × 돈을 얻어낼 수 없다): 미즈가키 히로미 씨의 사례

미즈가키 씨는 중학교 시절, 부모님에게 예술고등학교에 보내 달라고 이야기를 했다가 학비가 비싸다는 이유로 단칼에 퇴짜를 맞았습니다.

부모님으로서는 자식이 많은 데다 몸이 약한 여동생에게 들어가는 병원비 때문에 미즈가키 씨의 학비를 감당하기 어려웠던 모양입니다. 이를 확인한 그녀는 부모님의 기대에 부응하기 위해서 형제를 도울 수 있는 경제력을 갖기로 마음먹었습니다.

미즈가키 씨는 '돈은 있지만, 나는 그 돈을 얻어낼 수 없다.'고 생각하는 C유형이었습니다.

그녀는 졸업한 다음 한 증권회사에 취직했습니다. 이어서 외국계 금융회사로 이직했습니다. 그런데 금융 업계는 수치상의 실적이 중요해서 거기에 몰두하다가 심리적 압박감이 너무 심해졌습니다. 이 때문에 부부관계가 악화되고 말았지요.

그래서 증권 투자분석가로서 활약하면서 심리학 공부를 시작했습니다. 원래는 심리학을 배워서 남편과의 관계를 회복하려 했는데, 결국 그와 갈라서고 말았습니다.

그렇다고 심리학 공부가 헛수고는 아니었습니다. 심리학이 금융 일보다 재미있다고 느낀 미즈가키 씨는 심리 카운슬러로 변신했습니다. 좋아하는 분야의 일을 시작하고 몇 년 후에는 재혼도 했습니다.

"다양한 경험을 한 덕분에 일을 한다는 것, 돈을 번다는 게 뭔지 잘 알아요. 그래서 남자들 기분도 이해가 가고, 남편에 대한 사랑도 깊어졌답니다."

이 이야기만 들어도 미즈가키 씨가 완벽하게 돈을 끌어당기는 사람으로 변한 것 같지요?

"돈에 대한 믿음이 변하니까 제 인생도 변하더군요. 전에는 몸이 아픈 여동생의 생활까지 제가 지원해야 한다고 생각했어요. 그런데 그 아이를 진심으로 사랑해주는 결혼 상대가 나타나고, 동생이 행복해하는 모습을 보았지요. 문득 '내가 모든 것을 짊어질 필요는 없었구나.'라는 생각이 들었어요. 지금은 좋아하는 일과 소중한 가족에 감사하면서 저도 매일 즐겁게 살고 있답니다."

D유형(돈이 없다 × 돈을 얻어낼 수 없다): 도다 미키 씨의 사례

도다 씨는 어린 시절 불우했습니다. 아버지는 집에 들어오지 않았고, 어머니는 자식들을 무관심하게 방치했지요. 부모님이 육아를 포기한 탓에, 어린 시절부터 그녀는 시설과 학교를 오가며 생활했습니다.

그녀가 현실을 피해 숨을 곳은 오로지 책뿐이었습니다. 힘든 학창 시절을 억지로 견디다가 고등학교를 졸업하자마자 일본을 탈출해 미국으로 건너갔습니다. 그러고는 돌아와서 호텔리어가 되었습니다.

"집에서는 한 번도 제 가치를 느껴본 적이 없었어요. 호텔에 가서 처음으로 제 존재를 인정받았지요. 그런 곳에서 일할 수 있어 얼마나 행복했는지 몰라요."

그러나 얼마 못 가 아버지의 병간호를 위해서 호텔을 그만두어야 했습니다. 그 사이 결혼과 이혼을 겪었고, 생계마저 막막해졌지요. 그녀는 '돈이 없고 돈을 얻어낼 수도 없다.'고 생각하는 D유형이었어요. 그런 믿음 때문에 사업으로 돈을 벌 생각은 해본 적이 없었습니다.

그러나 도다 씨는 이혼 후에 좋아하는 분야의 일을 해서 먹고살겠다고 결심했습니다. 이때 어렸을 적 좋아했던 책으로 눈길을 돌렸고, 돈을 끌어당기는 사람으로 변신했습니다.

그녀는 글을 썼습니다. 스스로 자기 시간과 일을 관리하는 프리랜서로 활동했고, 수입이 생겼습니다. 그러면서 작가 양성 강좌도 개설했습니다. 지금은 다수의 작가를 거느린 에이전트 형태의 사업을 진행 중입니다. 무엇보다 일의 안정과 함께 행복한 재혼에도 성공했습니다. 그녀의 가족은 매년 두 번은 하와이 여행을 즐긴다고 하네요.

그녀는 어린 시절이 그야말로 불행의 연속이었지만, 자신을 속박하는 것들을 끊어내고 자유로운 삶을 찾음으로써 돈을 끌어당기는 사람으로 다시 태어났습니다. 그뿐 아닙니다. 지금은 과거의 도다 씨처럼 숱한 속박 속에 고통받는 여성들을 지원하는 역할도 맡고 있답니다.

●

"내 삶을 찾았더니 돈도 따라왔어요."

●

이렇게 유형도 사연도 제각각인 네 사람의 사례를 살펴보았습니다. 그런데 이들에게는 세 가지 공통점이 있습니다.

❶ 자신이 하고 싶은 일을 한다.

❷ 돈을 얻어낼 수 있는 일을 한다.

❸ 자신이 가치 있다고 생각한다.

특히 '자신이 가치 있다고 생각한다.'는 부분에 주목해주세요.

이런 생각을 자연스럽게 할 수 있는 환경에서 자란 사람도 있었지만, 그렇지 못한 환경에서 자라서 스스로 새로운 환경을 찾아낸 사람도 있었습니다. 그들은 모두 '나는 가치 있는 사람이다.'라고 생각하고 있었습니다.

그랬기 때문에 자신에게 어울리는 장소와 회사, 사람을 선택할 수 있었고 돈을 끌어당기는 사람이 되는 길을 발견할 수 있었던 것입니다.

생각 패턴을 바꿔야 미래가 달라진다

'획득 신념'부터 바꾸어라

앞에서 나온 네 사람의 사례는 '첫 경험'이 얼마나 중요한지 잘 보여줍니다. 모두 돈에 대한 믿음을 심어준 첫 경험이 훗날 현실에 강력한 영향을 미쳤지요.

그러나 돈에 대한 첫 경험이 어떠하건 간에 모두 돈을 끌어당기는 사람으로 바뀔 수 있다는 점이 중요합니다.

그들은 모두 '돈에 대한 첫 경험'에서 출발해 각자가 배우고 노력한 결과 현재의 행복을 얻었습니다. 배움과 노력은 그들이 돈을 부르는 사람이 되기 위한 첫걸음이었습니다.

돈에 대한 믿음은 너나없이 '첫 경험'에서 비롯합니다. 그리고 부모 - 자식 관계는 물론이고 선생님 - 학생, 선배 - 후배, 연인, 부부, 상사 - 부하 같은 모든 인간관계에 투영되지요.

모든 관계에서는 자신이 사랑받을지, 인정받을지, 좋게 평가받을지, 원하는 바를 얻을 수 있을지 등 '얻어낼 수 있다.'고 믿는지 여부가 굉장히 중요합니다. 이를 '획득 신념'이라고 부르겠습니다.

이 획득 신념을 의식적으로 바꾸지 않으면, 어디에 있건 과거와 같은 행동 패턴을 보입니다. 그 결과 예전과 다를 바 없는 인간관계를 맺고, 예전보다 더 사랑받기 어려우며, 예전보다 더 인정받을 수 없고, 여태껏 겪어온 경제 사정을 똑같이 겪습니다.

쉽게 말해서 돈에 대한 첫 경험이 빚어낸 '획득 신념'을 바꾸지 않으면, 만나는 사람이나 회사를 바꾼다 해도 금전적 현실은 잘 변하지 않습니다.

이는 곧 획득 신념을 바꾸면 기존의 상대를 계속 만나거나 같은 회사에서 일하더라도 금전적 현실이 바뀔 수 있다는 의미입니다.

기억하세요! 과거는 바꿀 수 없지만, 미래는 충분히 바꿀 수 있습니다.

믿음을 바꾸면 인생이 바뀌지요.

돈을 끌어당기는 사람은 자신을 과거에서 해방시키고, 과거의 괴로운 추억도 긍정적으로 바꾼 사람입니다. 자신의 믿음을 바꾸어 보세요. 그러면 나의 미래가 밝아질 수 있습니다!

돈을 얻어낼 수 있어 vs. 나는 못해

예쁘고 머리 좋아도 돈에 약하면, 나쁜 선택을 한다

'돈? 얻어낼 수 있어!'라는 믿음을 가질 것인가? 아니면 '나는 못해.'라는 믿음을 가질 것인가?

이 선택에 따라 당신의 수입과 자산, 인생의 여유는 달라집니다.

"돈을 얻어낼 수 있다, 없다? 그게 무슨 소리야? 내가 이미 벌고 있는걸."

이렇게 말하는 사람이 있을지도 모르겠습니다.

보통 돈과 관계 맺는 방식은 벌기, 모으기, 쓰기, 불리기의 네 가지입니다. 그래서 '돈을 얻어낸다.'라는 개념은 떠올리기 힘들 수도 있겠습니다. 하지만 기본적으로 돈은 얻어내는 것, 획득하는 것입니다.

상대가 회사건, 고객이건 간에 우리는 일한 대가로 돈을 얻어냅니다. 돈을 버는 것도 누군가에게 돈을 얻어내는 행위입니다.

그래서 돈을 벌기 전에 '나는 돈을 얻어낼 수 있다. 획득할 수 있다.'라고 생각하는지 아닌지가 당신의 금전적 현실에 지대한 영향을 미친다는 이야기를 하려고 합니다.

'마음만 먹으면 금전적 현실이 바뀌느냐? 말도 안 된다.'라고 하실 분들이 있겠지요. 그러나 우리의 믿음은 강력한 힘을 발휘합니다.

가령 당신이 아무리 열심히 일했다 해도 '나는 돈을 획득할 수 없는 사람이야.'라는 믿음을 가지고 있다면 노력에 걸맞은 대가를 얻어낼 수 없습니다. 승진 제안을 받고도 거절할 확률이 있어요.

누가 그런 바보 같은 짓을 하겠냐고 코웃음을 치시겠습니까? 당신 주위에는 혹시 이런 사람이 없나요?

성적도 우수하고 일도 잘하며 평판도 좋은데, 먹고살기 바쁘다며 줄곧 나쁜 조건에서 일하는 사람. 승진과 수입 증대의 기회를 눈앞에 두고도 겁을 내는 사람. 뛰어난 외모에 머리도 좋은데 '내가 사귄 사람들은 죄다 별로였어.'라고 불만을 토로하면서도 늘 불안정한 연애에 끌려다니는 사람.

이런 사람들은 더 나은 조건에서 일하거나 더 근사한 남성과 사귈 수 있는데도 '나에게 돈복이 따를 리가 없어.', '내 가치는 그에 못 미쳐.'라는 잘못된 믿음이 굳어진 탓에 제 발로 돈, 또는 돈 있는 사람을 걷어차버립니다. 이것이 바로 '나는 돈을 획득할 수 없다.'고 생각하는 믿음의 정체입니다.

•

돈에 대한 생각 습관을 바꾸면 돈을 끌어당길 수 있다

•

안타깝게도 '나는 돈을 획득할 수 없다.'고 믿는 사람은 아무리 열심히 일해도 노력에 걸맞은 대가를 얻을 수 없습니다.

'내가 무슨 수로 그런 돈을 얻어낼 수 있겠어?'라고 생각하며 '돈을 획득할 수 없는 나'에게 잘 맞는 현실을 습관적으로 선택해버리기 때문입니다.

바로 이런 이유 때문에 지금 당장 '나는 돈을 얻어낼 수 있는 사람이다.', '나는 돈을 획득할 가치가 있는 사람이다.'라고 마음먹고 당신의 돈에 대한 믿음을 수정해야 합니다.

　조금 과장해서 말하면, 돈을 획득할 수 있다는 믿음을 가진 사람은 지식이나 기능이 딱히 없고, 성과를 잘 내지 못하더라도 돈을 얻어낼 수 있습니다. 대단한 장점도 없어 보이는데 돈을 잘 버는 사람을 본 적이 있을 겁니다. 그들이 바로 '획득 신념'을 가진 사람들이지요.

　기존의 믿음은 싫증난 옷과 같다고 생각해보세요. 변하고 싶다고 마음먹은 지금의 당신에게는 더 이상 어울리지 않아요. 그러니 미련 없이 벗어 던져 버리세요. 그리고 새로운 자신에게 꼭 어울리는 믿음을 걸치세요.

　과거를 바꿀 수는 없어도 돈에 대한 믿음을 바꿈으로써 인생을 바꿀 수는 있습니다.

　돈을 끌어당기는 사람은 과거의 괴로운 추억을 긍정적으로 바꾼 사람입니다.

　당신도 돈에 대한 믿음을 바꾸기만 하면 당장이라도 돈을 끌어당기는 사람으로 다시 태어날 수 있습니다.

돈에 대한 믿음을 긍정적으로 바꾸는 실천법

진정한 자기 내면의 목소리 찾기

돈을 끌어당기는 사람이 되기 위해서는 일단 현재 여러분이 가진 돈에 대한 믿음을 파악해야 합니다. 그 믿음이 자신이 원하는 바와 다르다면 미래의 여러분을 행복하게 만들어줄 수 있는 믿음으로 바꾸어야 합니다. 사실 여기까지는 이미 설명한 내용입니다.

돈에 대한 믿음을 바꾸고 싶다면 이제부터는 다음 두 단계를 실천해 보세요.

먼저 지금까지 배운 것을 짤막하게 정리해볼게요.

돈을 끌어당기는 사람이 되기 위해서는 일단 현재 당신이 가진 돈에 대한 믿음을 파악해야 합니다.

그리고 그 믿음이 자신이 원하는 바와 다르다면 미래의 당신을 행복하게 만들어줄 믿음으로 바꾸어야 합니다.

이제부터는 실천법입니다. 돈에 대한 믿음을 바꾸겠다는 생각이 들었다면 다음 페이지의 마인드워크에 솔직하게 답해보세요.

당신도 모르고 살았던 '진정한 자기 내면의 목소리'를 들을 수 있을 겁니다.

돈에 대한 나의 믿음을 알아보자

STEP 1

여러분이 어린 시절에 가지고 있던 '돈에 대한 믿음'을 알아봅시다.

우선 여러분의 돈에 대한 첫 경험을 떠올려 봅시다. 열두 살 때까지의 기억이면
좋겠지만, 기억이 나지 않는다면 스무 살 때까지의 기억도 괜찮습니다.
그 기억을 다음 질문에 따라 생각나는 대로 자유롭게 적어 보시기 바랍니다.

Q1 **여러분의 돈에 대한 첫 경험은 어떤 체험이었나요?**

_____

_____

_____

Q2 **여러분은 그 체험을 통해 돈과 인생에 관해 어떤 생각을 했나요?**

_____

_____

_____

Q3 **그때 여러분이 가지고 있던 신념 또는 결심한 바가 있나요?**

_____

_____

_____

$Q4$ 어린 시절에 여러분은 돈에 대한 어떤 유형의 믿음을 가졌나요?
□ A유형 (돈이 있다 × 돈을 얻어낼 수 있다)
□ B유형 (돈이 없다 × 돈을 얻어낼 수 있다)
□ C유형 (돈이 있다 × 돈을 얻어낼 수 없다)
□ D유형 (돈이 없다 × 돈을 얻어낼 수 없다)

STEP 2

여러분이 현재 가지고 있는 돈에 대한 믿음을 알아봅시다.

$Q5$ 여러분은 현재 돈에 대한 어떤 유형의 믿음을 가지고 있나요?
□ A유형 (돈이 있다 × 돈을 얻어낼 수 있다)
□ B유형 (돈이 없다 × 돈을 얻어낼 수 있다)
□ C유형 (돈이 있다 × 돈을 얻어낼 수 없다)
□ D유형 (돈이 없다 × 돈을 얻어낼 수 없다)

$Q6$ 어린 시절의 돈에 대한 믿음이 어른이 되어 변했다면 어떤 경험이 계기가 되었나요? 그 경험을 통해 돈과 인생에 대해 어떤 생각을 하게 되었나요?

_____

_____

_____

Q7 그때 여러분이 가지고 있던 신념이 바뀌었나요? 특별히 결심한 바가 있나요?

_____

_____

_____

Q8 현재의 믿음이 어린 시절의 믿음과 같다면 그 신념과 결의를 계속 유지함으로써 앞으로 행복할 수 있다고 생각하나요? 믿음이 변했다면 바뀐 신념이나 결의를 계속 유지함으로써 앞으로 행복해질 수 있다고 생각하나요?

_____

_____

_____

Q9 'NO'라고 대답한 당신은 앞으로 어떤 인생을 살고 싶나요? 어떤 신념을 가지고, 어떤 결심을 하면 그런 인생을 실현할 수 있을까요?

_____

_____

_____

이 질문들은 여러분의 돈에 대한 믿음을 바꿈과 동시에 자신의 감정에 솔직해지기 위한 작업입니다. Q8의 답이 YES인 분은 현재 상태 그대로 문제없습니다. NO인 분들은 마지막 질문인 Q9에 답하면서 거부감이 들었을 수도 있습니다.

많은 것들을 포기하고 참으며 살다 보면 자신의 진짜 속내를 드러낼 때 뒷맛이 좋지 않지요.

하지만 그럴 때도 자신의 감정을 숨기지 말고 꺼내 보기를 바라요. 그럴 수 있다면 여러분은 돈에 강한 사람으로 업그레이드 될 수 있습니다. 돈에 강한 사람은 자신의 감정에 따라 솔직하게 사는 사람들이니까요.

새로운 믿음이 지금은 부자연스럽게 느껴지더라도 미래의 여러분에게 잘 어울리도록 익숙해지는 것이 중요합니다.

감정을 솔직하게 드러내는 일을 주저해서는 안 되죠.

여러분은 오늘부터 돈에 강한 사람이 될 테니까 말입니다!

time

: 시간 :

돈을 끌어당기는 사람은
돈보다 시간을 귀하게 여긴다

돈을 끌어당기는 생각 습관

눈앞의 돈만 좇으면 더 큰 것을 놓친다

'돈 = 행복'이라는 공식이 낳은 비극

우리가 돈을 원하는 이유는 행복해지고 싶어서입니다.

돈이 있으면 악착같이 일하지 않아도 여유롭게 시간을 보낼 수 있고, 하고 싶은 일도 얼마든지 할 수 있다고 생각하기 때문이지요.

멋진 옷을 사고, 친구와 여행을 가고, 효도를 하고, 자식들을 위해 돈을 모아둘 수도 있고……. 확실히 돈을 많이 벌면 행복한 일을 더 많이 만들 수 있습니다.

그러나 연봉이 높다고 해서 그것이 통째로 행복으로 연결되지는 않습니다.

물론 '돈만 있으면 뭐든 할 수 있다!'는 생각으로, 돈은 많으면 많을수록 좋다고 굳게 믿는 사람도 있습니다. 그들이 기를 쓰고 돈을 번다고 해서 인생의 질이 정말 향상되는지는 잘 살펴보아야겠지요.

저는 자산관리 코칭 현장에서 후회하는 사람들을 많이 만났습니다.

"열심히 일해서 경력과 지위, 수입이 오른 건 좋지만, 전혀 행복하지 않아요. 이런 인생을 바란 게 아니었는데……."

그들은 돈만 있으면 행복해질 거라는 믿음에 사로잡혀 있었기 때문에, 연봉을 올리는 대가로 삶의 질을 희생한 사람들이었지요.

하지만 돈은 인생이라는 시간의 질을 높이기 위한 도구입니다. 그러니 우리는 돈이 아니라 행복한 인생을 목표로 삼아야 합니다.

여기서 돈에만 집착한 탓에 인생의 질이 떨어진 안타까운 일화를 소개하겠습니다.

잘나가는 핫도그 가게와 불경기

미국의 어느 동네에 잘나가는 핫도그 가게가 있었습니다.

사장은 이 지역에서 오랫동안 가게를 운영해 온 사람이었습니다.

그의 핫도그는 갓 구운 빵과 소시지, 머스터드의 풍미가 절묘했고, 피클도 적당히 아삭했습니다. 한 번 먹어본 사람은 누구나 "핫도그가 이렇게 맛있는 음식이었어?"라며 엄지손가락을 치켜세우며 감탄했지요.

새로 온 손님들은 커다란 광고판을 보고 들어와 주문대로 향했습니다. 그러면 사장은 활짝 웃으며 그들의 이야기를 들어주면서 천천히 주문을 받았습니다.

맛있는 핫도그와 사장의 따뜻한 응대가 호평을 받아 가게는 언제나 발 디딜 틈 없이 북적거렸습니다.

그는 매일 바빠서 신문과 잡지를 읽을 시간도 없었습니다. 세상사나 새로운 정보를 알기보다 맛있는 핫도그를 만들고 손님들이 즐거워하는 모습을 보는 것이 더 좋았으니까요.

그러던 어느 날, 오랜만에 그의 아들이 고향에 돌아왔습니다.

하버드 대학 MBA(경영대학원)를 나온 아들은 아버지의 경영 방식을 보더니 설교를 늘어놓았습니다.

"아버지, 어쩌려고 이러세요? 요즘 온 세상이 불경기로 난리예요! 당장 비용을 절감해야지, 이대로 가다가는 가게가 어려워질 거예요."

아들은 배운 지식을 동원해 아버지에게 조언을 했습니다.

아버지는 아들의 말대로 광고판을 없애고 접객에 드는 시간과 노력을 줄였으며 인건비도 과감하게 절감했습니다. 식재료도 저렴하게 들여왔고, 레시피도 손이 덜 가도록 간략하게 바꾸는 등 하나부터 열까지 아들의 조언에 따랐습니다.

아버지는 보는 족족 해결책을 척척 제시하는 명석한 아들이 진심으로 고마웠습니다.

그렇게 휴가가 끝난 아들은 다시 일터로 돌아갔습니다.

그리고 몇 개월 후 다시 고향에 돌아온 아들은 깜짝 놀랐습니다. 그렇게 붐비던 가게에 파리만 날고 있었으니까요. 광고판이 없으니 지나다 들르는 손님도 전무했습니다.

아버지는 텅 빈 가게의 주문대를 바라보며 아들에게 말했습니다.

"네 말이 맞더라. 세상에 불경기도 이런 불경기가 없구나!"

MBA는 대단하다는 막연한 믿음

이 일화는 비즈니스 세미나에서 자주 인용되는 유명한 사례입니다.

'돈은 좇으면 달아나는 법', '비즈니스란 상대의 기대를 뛰어넘는 가치를 제공해야 존재할 수 있는 것', '돈에 너무 집착하면 인생의 질에 흠집이 날 수 있다.'는 교훈을 주지요.

실제로 아버지는 행복을 바라며 비용 절감에 나섰다가 오히려 실패라는 결과를 얻었습니다. 그런데 사실 이 일화에는 그보다 더 중요한 교훈이 있습니다. 그가 가지고 있던 믿음 이야기입니다.

아버지는 핫도그를 엄선한 재료로 정성껏 만들어 애정을 담아 판매했습니다. 그리고 손님들이 잘 먹었다는 감사의 인사를 건네는 일상을 보내왔습니다. 그것은 그에게 최고로 행복한 시간이었습니다.

그는 돈을 많이 버는 것보다 가게에서 보내는 행복한 시간이 더 중요하다는 믿음을 가지고 있었습니다. 즉 자신만의 행복한 기분을 소중하게 여기는 삶을 실천해왔고, '돈보다 자신의 행복이 중요하다'는 돈에 강한 사람의 믿음을 이미 가지고 있었던 셈입니다.

그런데 그 가치를 꿰뚫어 보지 못한 아들은 인정 넘치는 가게와 주인, 그리고 손님 사이의 연결고리를 지키기보다는 교환의 도구에 불과한 돈에 더 치중했습니다.

아마도 아버지는 가게를 행복하게 운영했기 때문에 누군가 가게를 돈을 많이 줄테니 팔라는 제안을 했다 해도 필시 거절했을 겁니다. 핫도그 가게와 돈을 교환하는 행위에서는 행복을 맛보지 못할 테니까 말입니다.

그러나 이제 파리만 날리는 텅 빈 가게가 그의 엄연한 현실이 되었습니다. 설령 비용 절감에 성공해 이윤이 많이 남았다 해도 '옛날이 좋았다……' 하고 과거를 떠올리며 한숨지을 게 틀림없어요.

그런데 어째서 아버지는 돈보다 자신의 행복이 더 중요하다는 믿음을 버리고 아들의 조언에 따랐을까요?

그 답은 매우 간단합니다. 그에게는 딱 하나, 잘못된 선입견이 있었습니다.

바로 '나보다 MBA를 딴 아들이 더 대단하다.'는 인식 말입니다. MBA는 사회적으로 인정받고, 일류 기업에서 고액 연봉을 받을 수 있는 자격이니까요.

'MBA를 딴 아들은 대단한 사람이다. 난 일개 핫도그 가게 노인인걸.'이라는 선입견 때문에 그는 너무나도 쉽게 자신의 믿음을 포기해 버렸습니다.

하버드를 비롯한 미국의 일류대학에서는 행복에 관한 수업이 늘 인기가 높습니다.

행복해지기 위해 가장 중요한 것은 무엇일까요?

적어도 돈만 벌어서도 안 되고, MBA 취득자의 조언을 따르기만 해서도 안 된다는 것만은 확실해 보이지 않나요?

인생을 행복하게 하는 저축 vs. 후회하게 하는 저축

•

1억 원을 저축한 두 부부의 너무 다른 인생

•

돈과 행복에 관한 일화를 하나 더 소개하겠습니다. 이번 주제
는 저축입니다. 저축에는 두 종류가 있습니다. 인생을 행복하
게 하는 저축과 후회하게 하는 저축입니다.

이 이야기에는 두 부부가 등장하는데, 양쪽 다 10년 동안 1억
원을 저축했습니다. A 씨는 남편과 힘을 모아 10년 동안 1억 원
을 모았습니다. 둘은 월급을 잘 운용했지만, 때로는 식생활이
부실해지기도 했습니다. 목표액에 도달한 지금은 그 시절 안

먹고 안 쓰느라 살까지 빠졌던 '저축 다이어트'를 떠올리며 웃곤 합니다.

그런가 하면 B 씨도 남편과 하고 싶은 일을 모두 참으면서 10년 동안 필사적으로 1억 원을 모았습니다. 그녀는 해외여행을 갈 때마다 자신의 어학 실력이 부족하다고 실감했습니다. 한번 영어를 제대로 배우고 싶었지만, 영어학원에 다닐 돈도 모두 저축으로 돌리는 바람에 가지 못했습니다. 내친김에 해외여행도 아예 끊어버렸습니다. 남편도 원래 맛집 탐방을 좋아했는데, 외식을 줄였습니다.

그들은 40대가 되어 꿈꾸던 1억 원을 손에 쥐었습니다. 목표를 달성했지만 허무한 기분이 종종 든다고 합니다.

"아무것도 안 하고 30대가 끝난 것 같아요."

똑같이 아껴가며 1억 원이라는 거금을 모았지만, A 씨 부부와 B 씨 부부는 커다란 차이가 있습니다.

A 씨 부부는 절약하던 시절을 떠올릴 때 즐거움을 느낍니다. 즉 '인생을 행복하게 하는 저축'을 했습니다.

이에 비해 B 씨 부부는 그 시절을 돌이켜보면서 자신의 선택이 옳았는지 의심하며 불안감을 느낍니다. 이들은 '인생을 후회하게 하는 저축'을 한 셈이지요.

당신이라면 어떤 10년을 택하겠습니까?

●

미래의 나를 행복하게 만들어줄 저축을 하자

●

물론 저축 자체가 나쁜 일은 아닙니다. 돈을 마련해두어야 비로소 무언가를 움켜쥘 수 있는 기회도 생기니까요.

그러므로 그 저축이 당신을 행복하게 해주는가가 포인트입니다.

여기에 대해선 곰곰이 따져볼 필요가 있지요.

사실 이 점이 바로 돈에 끌려다니는 사람과 돈을 끌어당기는 사람을 구분하는 기준이랍니다.

'저축은 나를 지키는 행위야. 미래의 불안을 없애려면 무슨 일이 있어도 돈을 모아야 해.'

이는 돈에 끌려다니는 사람의 전형적인 사고방식입니다. 돈에 끌려다니는 사람은 통장을 볼 때마다 지난 10년 동안 포기해왔던 꿈이 떠오르고, 앞으로 그 돈을 다 써버린 다음에 닥칠 불안감이 머릿속에 꽉 차오릅니다.

이와 달리 돈을 끌어당기는 사람은 이렇게 생각합니다.

'저축은 앞으로 하고 싶은 일을 하기 위해서 하는 거야. 10년이라는 시간 동안 매달 붓는 금액은 미래의 행복과 교환할 수 있어.'

이들은 통장을 볼 때마다 앞으로 실현될 꿈으로 가슴이 두근거립니다. 돈보다 내 가치가 크다는 믿음이 있기 때문에, 저축을 통해 앞으로 자신의 가치가 더욱 높아질 거라고 생각합니다. 그래서 거기에 시간과 돈을 들이는 저축이 즐겁습니다.

다시 말해 돈을 끌어당기는 사람은 통장에서 저축액이 아니라 미래의 자신을 봅니다.

그 미래가 실현되었을 때, 지금보다 더 큰 행복을 맛볼 수 있다고 믿습니다. 돈을 끌어당기는 사람에게는 돈보다 자신을 소중하게 여기는 믿음이 단단하게 뿌리내리고 있는 것입니다.

돈을 끌어당기는 사람은 고소득 직업을 선택한다

자신의 행복에 시간을 써야 한다

앞서 소개한 두 일화를 보면서 무얼 느끼셨나요?

'행복해지겠다고 지나치게 돈에 집착하면 행복은 도리어 멀어져!'

그렇습니다. 돈을 얻으려고 할수록 행복도는 떨어질 수 있다는 이야기에요.

그런데 모순처럼 들리지만, 돈을 끌어당기는 사람은 고소득 직업을 택하는 경향이 있습니다.

'아니, 행복해지려면 돈 벌려고 아등바등하면 안 된다고 했 잖아?' 방금 이렇게 의아하게 생각했을지 모르겠네요. 아니면 '고소득을 싫어하는 사람이 어디 있어?'라고 비꼬고 싶었을지 도 모르겠습니다.

여기서 주목해야 할 부분은 '어째서 돈을 끌어당기는 사람은 고소득 직업을 선택하는가?' 하는 점입니다.

사실 돈을 끌어당기는 사람은 '돈을 많이 벌 수 있어서'라는 단순한 이유로 고소득 직업을 선택하지 않습니다. 자신이 자 유롭게 쓸 수 있는 시간을 조금이라도 더 확보하기 위해서 고 소득 직업을 선택합니다.

결국 돈을 끌어당기는 사람이 될 수 있을지 여부를 가늠하 는 키워드는 '시간 이용법'입니다.

예를 들어 시급 1만 원짜리 일자리와 시급 2만 원짜리 일자 리가 있다고 합시다. 시급 차이가 두 배라는 이야기는 돈이 늘 어나는 속도가 다르다는 의미입니다. 시급 1만 원짜리 일은 한 시간 일하고 1만 원을 받을 수 있는데, 시급 2만 원짜리 일 을 하면 30분에 1만 원을 받고 남은 30분을 자유롭게 쓸 수 있 다는 계산이 나옵니다.

짧은 시간에 돈을 많이 벌면, 남은 시간은 행복을 누리는 데 쓸 수 있겠지요.

그러니까 돈을 끌어당기는 사람은 자신의 행복을 우선시하기 때문에 돈 버는 속도가 빠른 고소득 직업을 고릅니다.

•

'나는 못 번다.'는 부정적인 생각이 문제다

•

'아무리 그런 말 해봐야 나는 못해. 내가 무슨 수로 현재 수입의 두 배를 벌겠어…….'

지금 이런 부정적인 생각이 떠오르나요? 그렇다면 당신이 가진 잘못된 믿음이 이 순간에도 작동하고 있다는 신호입니다.

자신보다 돈을 가치 있게 여기기 때문에 '당신 자신'보다 '두 배의 수입'이 더 가치가 있다는 생각이 반사적으로 떠오른 것이지요.

이는 단순히 자신의 가치를 부정하지 말라는 얘기가 아닙니다. 또 머리에 떠오른 잘못된 믿음을 무턱대고 지우라는 뜻도 아니에요. 그보다는 자신의 심리적 바탕을 바로 보아야 한다는 사실을 강조하고 싶어요.

'나는 나보다 돈이 더 가치가 있다는 믿음에 사로잡혀 있었어. 그래서 지금보다 많이 벌 수 없다는 부정적 생각을 가지는 거야.' 즉, 생각의 습관적인 움직임을 깨닫는 것이 중요합니다.

왜 당신의 언행에 끊임없이 '나는 못한다.'는 제동이 걸릴까요? 그 이유는 당신의 성격이나 환경 때문이 아니라 돈에 대한 잘못된 믿음이 작동하기 때문입니다.

이제부터 그 믿음이 곳곳에 뿌려놓은 교묘한 덫에 걸리지 않도록 합시다. 당신이 원하는 행복에 귀를 기울여 행동하세요. 그것이 돈을 부르는 사람이 되기 위한 비결입니다.

이를 깨달았다면 이번에는 돈을 끌어당기는 사람이 되기 위한 시간 이용법 및 시간을 바라보는 관점에 관해 상세히 살펴보도록 하겠습니다.

돈을 끌어당기고 싶다면 시간의 가치를 높이자

·

갑자기 휴가가 생겼을 때 당신이 하고 싶은 일은?

·

돈을 끌어당기는 사람이 되려면 우선 '시간의 가치'를 따져보아야 합니다.

그러려면 시간과 돈을 결부해서 생각해야 하지요.

왜냐하면 돈을 끌어당기는 사람은 시간을 잘 씀으로써 돈에 휘둘리지 않고, 자기다운 행복한 인생을 실현하기 때문입니다.

이쯤에서 질문을 하나 내보겠습니다.

내일 갑자기 휴가가 생겼습니다.

하루 종일 자유롭게 보내도 된다면, 당신은 무엇을 하면서 시간을 보내겠습니까?

물론 시간을 쓰는 방식은 사람마다 다양합니다. 친구와 놀러가는 사람이 있는가 하면, 가족 또는 소중한 사람과 함께 지내는 사람도 있습니다. 하루 동안 아르바이트를 해서 10만 원을 벌 수도 있고, 비즈니스 세미나에 참가해 역량을 키울 수도 있습니다.

당신은 어떤 선택을 하겠습니까?

사실 어떤 선택을 했는지가 아니라 '그 선택으로 기분이 어땠는지'가 더 중요합니다.

사람이 평균 87세까지 산다고 할 때, 주어진 87년을 어떤 기분으로 살면 좋을까요?

훗날 '얼마나 즐거운 87년이었던가!'라고 회상할까요, '정말 더럽게 재미없는 87년이었네…….'라고 생각할까요. 이 평가에 따라 인생의 가치는 크게 달라집니다.

행복은 살아 있는 시간의 길이가 아니라 그 사람이 얼마나 즐거움으로 꽉 찬 시간을 보냈는지에 달려 있지요.

자본주의 사회에서는 돈으로 대부분의 가치를 매깁니다만,

시간의 가치는 행복한 순간이 얼마나 많았는지를 가지고 측정한답니다.

●

돈은 시간의 질을 높이기 위한 도구다

●

"하루 동안 자유롭게 지내세요!"

이런 이야기를 들었을 때, 돈을 끌어당기는 사람은 하고 싶은 것을 들뜬 기분으로 조잘조잘 읊어댑니다. 이들은 자신이 어디에 시간을 쓰면 행복한지를 잘 이해하고 있거든요. 그래서 인생이라는 한정된 시간을 행복으로 더 많이 채우기 위해 돈을 씁니다.

당신은 무엇을 할 때 즐겁고 가슴이 설레나요?

즐겁고 설레는 시간을 행복으로 느낀다면, 당신이 자기답게 살고 있다는 증거입니다. 행복을 느끼는 순간이 늘어나는 만큼 자기답게 사는 시간이 길어집니다.

돈을 끌어당기는 사람은 돈이 '시간의 질을 높이기 위한 도구'라는 점을 깨닫고 있습니다.

돈을 끌어당기는 사람은 시간과 관련해 다음과 같은 네 가지 믿음을 가지고 있습니다.

❶ **돈보다 시간이 소중하다.**
❷ **행복은 곧 시간의 질이다.**
❸ **시간의 질은 감정으로 결정된다.**
❹ **돈은 시간의 질을 높이는 수단 중 하나다.**

이 네 가지 사항을 잘 활용해서 '원하는 바를 획득하는 돈을 끌어당기는 사람'이 되기 바랍니다.

•

행복해지기 위한 돈과 시간 사용법

•

앞서 나왔던 '하루를 자유롭게 쓸 수 있다면 무엇을 하겠느냐?' 라는 질문은 이렇게 생각할 수 있습니다.

친구와 놀러가거나 가족 또는 소중한 사람과 함께 시간을 보내는 일은 당신 인생의 일부를 타인과 보내는 즐거움과 맞바꾼다는 의미라고 말입니다. 즐거운 시간을 보낼 수 있다면 시간을 잘 썼다고 할 수 있지요.

아르바이트를 해서 10만 원을 번다면, 인생의 일부를 10만 원과 맞바꾼다는 의미입니다. 벌어들인 10만 원으로 가고 싶었던 여행을 가서 마음이 흡족했다면 시간을 잘 쓴 것입니다.

그리고 비즈니스 세미나에 참가해 역량을 키운다면, 인생의 일부를 '연봉과 직책이 더 올라간 미래의 자신'과 맞바꾼다는 의미입니다. 연봉이 올라 기쁘다면 효과적으로 시간을 쓴 결과라고 할 수 있을 거예요.

87년이라는 시간은 결국 당신 자신입니다.

'시간 = 자신'인 셈이지요.

따라서 돈보다 자신을 소중하게 여기기로 했다면, 마찬가지로 돈보다 시간을 귀하게 여겨야 합니다.

그리고 그 시간 동안 어떻게 행복한 기분으로 지낼지가 중요합니다.

우리는 흔히 시간과 돈을 맞바꾸며 살아가지만, 돈을 버는 자체가 목적은 아니지요.

애초에 돈은 행복을 찾기 위해 버는 것뿐입니다. 눈길이 돈에만 머물러 행복을 놓친다면 본말전도가 아닐까요?

당신이 돈을 끌어당기는 사람이 되겠다는 이유는 행복해지고 싶기 때문 아닌가요!

다시 말해 돈은 행복한 시간을 늘리기 위한 일종의 수단입니다.

돈을 끌어당기는 사람이 되고 싶다면 다음 세 가지를 꼭 실천하기 바랍니다.

❶ 돈보다 시간을 소중하게 여긴다.

❷ 돈보다 시간을 소중하게 여기기 위해 행복한 기분으로 시간을 채운다.

❸ 내가 행복한 곳에 돈을 쓴다.

함께 시간을 보내고 싶은 사람에게는 돈이 붙는다

'돈은 사람이 가져온다'는 말의 의미

돈을 끌어당기는 사람들이 입버릇처럼 하는 말이 있습니다.

"돈은 사람이 가져와요."

그들 주위에는 어째서 끊임없이 사람들이, 그것도 돈을 들고 몰려들까요?

'옆에 있으면 득을 볼 일이 많다.'는 생각이 들기 때문입니다.

당신은 혹시 이런 경험이 있나요?

- A 씨에 대한 불만을 엄청나게 들었다.
- B 씨의 실패담을 듣고 엄청나게 웃었다.
- C 씨의 실패담을 들을 때는 엄청나게 웃었지만, 그 후의 성공담을 들으면서 많이 배웠다.
- D 씨의 자기 자랑을 엄청나게 들었다.

당신이 A부터 D까지 총 네 명을 만난 적이 있다고 합시다. 이들 중에 누구를 다시 만나고 싶은가요?

저는 C 씨를 또 만나고 싶네요.

C 씨처럼 숨김없이 자신의 실패담을 밝게 이야기해서 웃겨주는 사람과 보내는 시간은 그야말로 즐거울 테니까 말입니다.

게다가 실패에서 얻은 교훈과 성공담까지 알려준다니, '아하! 이렇게 하면 실패를 만회할 수 있구나.' 하고 얻을 점도 많을 것 같습니다.

이야기가 재미있을 뿐 아니라 상대에게 도움이 되는 정보까지 펼쳐놓는 C 씨는 저에게 질 높은 시간을 제공해주는 사람입니다. 그리고 C 씨는 틀림없이 돈을 끌어당기는 사람입니다.

C 씨 같은 사람은 주위 사람들에게 러브콜이 들어오기 쉽습

니다.

"점심 같이할래요?"

"소개해 줄 사람이 있는데 밥 먹으러 같이 가요."

만나면 즐겁고, 대화가 피가 되고 살이 되니 다른 사람에게도 소개하기 쉽겠지요.

"내 지인 중에 C라는 재미있는 사람이 있는데 한번 만나 봐."

이처럼 서로의 인맥이 넓어지는 효과도 누릴 수 있겠네요.

만난 다음에는 어떻게 될까요?

"다음번 우리 회사 프로젝트에 한번 참가해 보세요."

"저희 모임이 있는데 오셔서 전에 했던 이야기를 한 번 더 해 주시면 안 될까요?"

돈으로 연결되는 인연이 줄줄이 생기게 되지요.

어디 그뿐입니까?

"C 씨랑 우리 회사가 협업할 수 있는 길이 없을까?"

"어차피 구매할 거라면 C 씨한테서 샀으면 좋겠군요."

이런 식으로 새로운 거래 상담이 들어올 수도 있답니다.

다시 말해 C 씨는 함께 있으면 주위 사람에게 이득이 되는 일을 가져오는, 돈을 끌어당기는 사람인 것이지요.

함께 시간을 보내고 싶은 사람이 되자

당신이 돈을 끌어당기는 사람이 되고 싶다면 이 이야기를 응용해 보세요. 돈을 끌어당기는 사람도 상대를 골라서 시간을 쓴답니다.

누군가와 함께할 수 있는 한 시간이 생겼다고 칩시다. 그렇다면 어떤 사람과 함께하고 싶나요? '한 시간 동안 뭘 했지?' 싶게 시간을 낭비하게 하는 상대보다는 '벌써 한 시간이 지났나?' 싶을 만큼 재미나게 보낼 상대와 함께하고 싶을 겁니다. 그런 사람과 함께하기는 한 시간을 가치 있게 보내는 방법이 아닐까요?

타인과 점심 또는 차를 함께할 때, 그와 얼마만큼의 가치를 이끌어낼 수 있을지 따져보세요. 그것이 돈을 끌어당기는 사람의 시간 이용법입니다.

'나답게 살기'는 시간 활용법에 달려 있다

당신은 지금 어디에 시간을 쓰고 싶나요?

앞에서 함께 있으면 좋은 감정이 차오르고, 자신에게 도움이 될 것 같은 사람과 만나야 시간의 가치가 높아지고 돈을 끌어당기는 사람이 된다고 설명했습니다.

그럼 누구나 함께하고 싶은, 돈을 끌어당기는 사람이 되려면 어떻게 해야 할까요?

사실 답은 매우 간단합니다. 늘 돈에 휘둘려 살았다는 사실을 자각한 사람도 당장 실천할 수 있는 방법이지요.

나답게 살기! 이것이 바로 수많은 사람이 함께 있고 싶어 하는, 돈을 끌어당기는 사람이 되는 비결입니다.

우리는 자기답게 살아갈 때 긍정적인 감정으로 충만할 수 있습니다. 그래야 자연스레 작은 웃음이 번지고, 주변 사람까지 즐거운 기분을 느낄 수 있지요. 웃는 사람을 보면 자신도 모르게 따라 웃게 되는 것과 마찬가지로 행복한 분위기는 전염됩니다.

그래서 자기답게 살아가는 사람을 보면 '이유는 모르겠지만 즐거워 보인다.', '멋지다.', '함께 있고 싶다.' 등의 긍정적인 감정이 솟아오르지요.

'나답다는 게 뭐지?', '나답게 사는 구체적인 방법을 모르겠어.'라고 생각하는 사람도 걱정할 것 없습니다. 주변에서 일어나는 일 중에서 당신이 좋아하는 것, 가슴이 설레는 일을 상상해 보세요.

또는 지금 시간을 쓰고 싶은 곳이 어디인지를 생각해보세요.

그것이 자기답게 살기 위한 첫째 힌트가 될 것입니다.

돈을 들여도 아깝지 않은 일을 찾아라

자기답게 사는 사람들의 직업을 예로 들어 보지요.

가설을 세우고 실험하고 검증하기를 좋아하는 연구자, 어질러진 공간이 깔끔하게 정리되어야 만족하는 청소 전문가, 무언가를 만들고 있을 때 충만감을 느끼는 엔지니어, 남을 가르칠 때 보람을 느끼는 교사…….

직업 외에 취미도 들 수 있겠네요. 시간이 있을 때 몸에 좋은 반찬을 넉넉히 만들어놓는 게 좋다거나, 휴일에는 집에 틀어박혀 종일 해외 드라마를 본다거나, 요가 레슨에 가서 땀을 흠뻑 흘리고 쾌감을 느끼는 게 좋다는 사람도 있습니다.

돈을 끌어당기는 사람은 자신이 정말 좋아하는 일로 나가는 돈은 아깝다고 생각하지 않습니다.

'다 나답게 살기 위해서야.'

단지 이렇게 생각하지요.

요리의 재료비나 해외 드라마의 다운로드 비용, 레슨 비용이 들어갈 때도 마찬가집니다.

'좋아하는 일에는 돈이 들어도 괜찮아!'

이것은 그들의 기본자세입니다.

가진 돈이 줄어들면서 생기는 불안감보다 '인생의 질을 높여 줄 시간이 소중해!' 이런 믿음이 그들에게 있습니다.

'자기답게 살기'를 실천하려면 무엇보다 당신이 정말 좋아하는 일을 해야 합니다. 좋아하는 일을 하는 시간은 당신을 행복으로 이끄는 투자의 시간입니다.

그러니 당신만이 할 수 있는, 맛볼 수 있는 행위가 무엇인지를 생각해 보세요.

자신이 좋아하는 그 행위를 하는 동안은 그야말로 당신이 자기답게 살고 있는 시간입니다. 그 일을 하고 있기만 해도 저절로 빛이 날 당신을 보면, 주위 사람들도 분명 좋은 감정을 품겠지요.

돈을 끌어당기는 사람은 행복할지를 염두에 두고 시간을 씁니다. 지출은 손해가 아니라 자기답게 살기 위한 이익임을 알기 때문입니다.

돈을 끌어당기는 사람만 아는 '비밀 공식'

●

참고로 돈을 끌어당기는 사람이 중요하게 여기는 간단한 공식이 있는데, 본 적이 있나요? 바로 '삶의 질 = 좋은 감정 × (나 + n)명 × 시간'입니다.

삶의 질 = 좋은 감정 × (나 + n)명 × 시간

이를테면 당신이 혼자 영화를 보러 갔습니다. 그 시간은 돈을 쓸 가치가 있는 행복한 시간이며 삶의 질을 올려주지요. 그런데 이를 소중한 가족이나 친구와 함께 즐긴다면 삶의 질은 더 높아질 겁니다.

이를 잘 나타낸 것이 바로 위의 공식입니다.

자신이 행복하다고 느끼는 삶의 방식을 찾고, 그에 맞게 시간과 돈을 쓰는 방법을 찾아내는 것이 얼마나 중요한지를 이 공식이 가르쳐줍니다.

이 공식은 1장의 일화에 등장했던 유명한 심리 카운슬러 미즈가키 히로미 씨가 만들었습니다.

지금은 '돈을 끌어당기는 사람'이 된 그녀도 한때는 그렇지 않았습니다. 그녀는 스스로 '돈에 대한 믿음은 언제든지 바꿀 수 있다.'는 사실을 보여준 믿음직한 본보기이지요.

　　우리 삶의 질은 좋아하는 일을 하면서 자기답게 사는 시간을 얼마만큼 확보하는지에 따라 달라집니다.

돈을 부르는 플래너 쓰기

이모티콘만 그려도 행복도가 올라간다!

돈을 끌어당기는 사람은 시간을 쓰는 방법에 대해 늘 궁리합니다. 행복하게 시간을 보낼 수 있는 방법에는 지출을 아까워하지 않지요. 그것은 낭비가 아니라 자기답게 살기 위한 투자라는 사실을 알기 때문입니다.

돈을 끌어당기는 사람으로 변하려면, 이미 돈을 끌어당기고 있는 사람들의 시간 이용법을 참고하면 좋습니다.

그 전에 지금 당신이 시간을 어떻게 쓰고 있는지부터 알아야 해요. 그런 다음 개선할 부분을 찾아 돈을 끌어당기는 사람이 실천 중인 방법을 따라해 보세요. 이렇게 하면 새로운 시간 활용법을 쉽게 지속할 수 있습니다. 또한 머지않아 그들과 같은 방식으로 시간을 쓰는 자신을 발견할 수 있을 거예요.

돈을 끌어당기는 사람들의 시간 이용법을 생활 속에 배어들게 하기는 정말 쉽습니다. 단지 다이어리나 플래너에 이모티콘만 그려 넣어도 되니까 말입니다.

요즘 쓰고 있는 플래너를 펼쳐 보세요.

플래너에 업무와 개인 일정만 기입하고는 던져두는 사람은 거의 없지요? 일정을 짜고, 확인하는 등 플래너 이용은 아주 큰 습관 중 하나인데요.

만약 당신이 돈을 부르는 사람이 되고 싶다면, 그 다이어리에 만족도를 나타내는 이모티콘을 그려 넣어 보세요. 질 높은 시간이었는지 아닌지를 확인하려면, 당신이 느낀 만족도를 눈에 보이는 형태로 표시하는 작업이 중요합니다.

다음과 같이 만족도를 얼굴 모양 이모티콘으로 그려 넣어 보세요. 삼색 펜으로 색을 구분하면 나중에 한눈에 살펴보기 좋겠지요.

- 만족도가 높았던 시간 → 빨강 ☺
- 불만족이었던 시간 → 파랑 ☹
- 만족도 불만족도 아니었을 때 → 검정 😐

플래너는 월 단위가 좋지만, 주간 단위 기입도 나쁘지 않습니다.

처음에는 하루에 이모티콘 하나만 그리다가 익숙해지면 일정이 있을 때마다 그릴지도 몰라요. 그러면 하루에 여러 차례 시간의 만족도를 확인할 수 있습니다.

어쨌든 일단은 일주일 동안 세 종류의 이모티콘을 그려 넣는 연습부터 해봅시다.

그렇게 한 주가 지나면 이모티콘으로 지난 한 주를 되돌아볼 수 있어요. 종류별 이모티콘의 비율이 현재 당신 삶의 질을 보여줄 겁니다.

- 스마일이 많다 → 비교적 만족스럽게 시간을 보냈다.
- 찡그림이 많다 → 대체로 불만족스럽게 시간을 보냈다.
- 무표정이 많다 → 좋을 것도 나쁠 것도 없는 지루한 시간을 보내고 있다.

더 꼼꼼하게 확인하고 싶다면 [☺ 2H(영화감상)], [☹ 3H(고객과 식사)]처럼 이모티콘 옆에 들인 시간을 기입해 두세요.

1주일 후 되돌아볼 때, 각 이모티콘의 시간수를 계산해 원그래프로 그리면, 당신이 쓰고 있는 시간의 질이 어떤 비율로 이루어져 있는지를 한눈에 파악할 수 있습니다.

- 스마일이 70% 이상 → 만족도가 높은 나날을 보내고 있다.
- 스마일이 60% 이하 → 요주의. 만족도가 떨어지기 시작하는 단계다.
- 스마일이 30% 이하 → 만족도가 확연히 낮다.

자, 문제는 이제부터입니다.

스마일이 70% 이상인 사람은 이미 돈을 끌어당기는 사람과 같은 방식으로 시간을 쓰고 있습니다. 그러니 앞으로도 같은 방식으로 시간을 보내면 됩니다.

스마일이 60% 이하인 사람들은 시간 이용법을 개선해야 합니다. 돈을 끌어당기는 사람이 되려면 일정을 짜는 방식부터 다시 점검해 보세요.

가령 가고 싶지 않은데 예의상 참석하는 일정 [☹ 2H(술자리)] 등은 선약이 있다는 핑계를 대더라도 과감하게 빠집니다. 대신 [☺ 1H(요가 레슨)]을 그 자리에 채워봅니다. 그렇게 하면 자신을 위해 시간과 돈을 쓰게 되어 내 시간의 만족도가 올라갑니다.

만약 상사가 명령했기 때문에 없앨 수 없는 일정 [☹ 2H(야근)] 등이 있을 때는 어떻게 하면 좋을까요? 그 시간만큼 행복을 느낄 수 있는 즐거운 일정 [☺ 1H(심야 카페 책 읽기)] 등을 보상으로 더 끼워 넣어봅니다.

일단은 플래너에 표시된 찡그림과 무표정의 30%를 스마일로 바꾸겠다는 목표를 세우고 실천해 보세요.

당연히 가고 싶지 않은 술자리에 참석하기보다 즐거움을 느낄 수 있는 일정에 시간과 돈을 써야 기분이 좋습니다. 돈과 시간의 낭비를 줄이는 만큼, 자유롭게 쓸 수 있는 돈과 시간이 늘어납니다. 자기답게 사는 이보다 더 좋은 방법이 있을까요?

돈과 시간을 잘 쓸 방법을 한번 궁리해 보세요. 돈을 끌어당기는 사람들은 매일 그렇게 하고 있습니다.

'시간이 없다, 바쁘다.'는 핑계를 버리는 방법

'꼭 해야 할 일'을 의심하자

돈을 끌어당기는 사람은 이런 말을 거의 하지 않습니다.

"시간이 너무 없어요. 바빠요."

물론 돈을 끌어당기는 사람이라고 해서 특별히 시간이 남아돌지는 않습니다. 시간은 누구에게나 공평하게 주어지는데, 어째서 그들은 시간에 쫓기지 않을까요?

그것은 돈을 끌어당기는 사람은 돈과 마찬가지로 시간에 대해서도 주도권을 쥐고 살아가기 때문입니다.

그러니 돈을 끌어당기는 사람으로 변하면 시간을 쓰는 방식도 긍정적으로 바뀔 수 있습니다.

이런 사례가 있었습니다.

토요일마다 열던 세미나에 기혼 여성들이 참석했습니다. 매달 한 번, 총 6회로 구성된 6개월 코스 세미나였습니다.

한번은 기혼 여성 중 한 명이 이렇게 말했습니다.

"선생님, 세미나에 오는 것도 사실 쉬운 일이 아니에요."

그녀의 사정을 들어 보니 세미나에 참석하는 날은 새벽 5시에 일어나 가족이 먹을 아침, 점심, 저녁을 만들어놓고 나온다고 했습니다.

"시간에 쫓겨서 얼마나 힘든지 말도 못해요."

한숨을 쉬는 그녀에게 저는 물었습니다.

"밥을 해놓지 말고 시켜먹을 돈을 놔두고 오면 되잖아요?"

대답 대신 돌아온 그녀의 표정은 '이 무슨 말도 안 되는 소리?!'라고 말하는 듯했습니다.

참고로 그녀의 주된 고민은 '업무에 더 신경을 쓰고 싶은데, 가사에 시간을 빼앗기니 일에 집중할 시간이 없다.'는 것이었습니다.

다음 세미나 날이 돌아오자 그녀는 저와 다른 회원들의 조언을 받아들여, 식탁 위에 밥 대신 돈을 올려놓고 집을 나왔습니다.

세미나가 끝나고 집에 돌아갔더니, 가족들은 그녀의 예상과는 다른 반응을 보였습니다.

"엄마, 오랜만에 외식하니까 좋았어!"

그녀는 그제야 자신의 행동을 돌아보고, '가사에서 해방되었다.'는 생각에 기뻤다고 합니다.

그때부터 그녀는 가사에 쓸 시간을 줄이고, 자유로운 시간을 조금 더 늘렸습니다. 결국 그렇게 원하던 자기 가게도 열었습니다.

사실 이는 그리 특별한 사례가 아닙니다. 우리 주위에도 비슷한 일이 무척 많습니다.

●

하던 대로 하지 않기

●

일상적인 서류 작업만 해도 그렇습니다. 실제로는 보는 사람도 없고 활용되지도 않는데, '하던 거니까'라는 이유로 그냥 하는 작업은 없습니까?

제가 아는 한 회사원은 그런 불필요한 서류 작업을 찾았다고 했습니다. 그래서 '작성하지 않아도 아무런 피해가 발생하지 않는다는 증거'를 만든 다음, 과감하게 그 작업을 중단했다고 합니다. 그 후 6개월이 지났지만, 아무도 그 작업이 중단된 줄 모른다고 해요.

'꼭 해야 한다.'는 것도 어쩌면 잘못된 생각일지 모릅니다.

일할 때 정말 필요한 게 무엇인지, 생략해도 되는 것이 있는지 따져 보세요. 그 시간을 줄이면 30% 정도 숨은 시간을 찾아낼 수 있습니다.

그 시간을 자유롭게 쓰고, 그중 30%에 스마일 표시를 그려 넣으세요.

살아가면서 하기 싫지만 '꼭 해야 할 일'을 완전히 없앨 수는 없습니다. 그러나 줄일 수는 있지요. '꼭 해야 할 일'을 의심하고, '필요한 일만 하기'를 반복해 보세요. 틀림없이 당신은 시간을 알차게 이용할 수 있을 거예요.

행복과 돈이 쑥쑥 늘어나는 시간 활용법

•

행복이 지속되지 않는 곳에 시간 쓰지 말자

•

플래너에 이모티콘을 그려 넣은 결과는 어떨까요? 업무 시간과 직무 능력 향상 시간에 스마일 표시가 많은 사람도 있겠지요? 그런 사람은 돈을 끌어당기는 사람입니다.

❶ '즐거운 업무'라는 행복'과 시간을 맞바꾸고

❷ 그 시간을 돈과 맞바꾸며

❸ 획득한 돈을 배움이라는 즐거운 시간 및 성장으로 다시 바꾸어

❹ 그 성장을 업무에 활용해 더욱 즐거운 시간을 얻는 동시에

❺ 수입을 늘린다.

돈을 끌어당기는 사람은 행복과 돈을 동시에 잡는 방식으로 시간을 이용하므로 삶의 매력이 점점 커집니다.

반대로 돈에 끌려다니는 사람은 아래와 같이 시간을 쓰며 '시간 낭비'를 일삼습니다.

- 행복이 지속되지 않는 곳에 시간을 쓴다.
- 돈이 생기지 않는 곳에 시간을 쓴다.

돈을 끌어당기는 사람의 시간 활용법은 이렇습니다.

- 행복을 느끼는 곳에 시간을 쓴다.
- 돈이 생기는 곳에 시간을 쓴다.

시간은 당신 인생의 일부, 다른 말로는 당신의 생명이라 할 수 있습니다. 돈은 그 생명의 일부와 교환하여 얻는 것이고요.

그러니 당신의 생명을 위해서라도 돈을 끌어당기는 사람이 되어야겠지요?

M I N D W O R K

돈을 끌어당기려면 이모티콘을 그리자

STEP 1

나의 감정을 나타내는 이모티콘을 그려봅시다.

요즘 쓰고 있는 플래너를 펼친 후, 지난주의 만족도를 다음과 같은 이모티콘으로
그려 넣어 보세요. 삼색 펜으로 색도 구분해 주세요. 플래너가 없다면 아래 표에
간략하게 적어도 좋습니다.

- 만족도가 높았던 시간 → 빨강 ☺
- 불만족이었을 때 → 파랑 ☹
- 만족도 불만족도 아니었을 때 → 검정 😐

날짜	. ( )	. ( )	. ( )	. ( )	. ( )	. ( )	. ( )
일정과 감정							

Q1 지난주의 스마일과 찡그림, 무표정 이모티콘 개수를 각각 세어보세요.

스마일 _____ 개

찡그림 _____ 개

무표정 _____ 개

$Q2$ 지난 한 주 동안 가장 많이 느낀 감정은 무엇이었나요?

_____

_____

_____

STEP 2

다음 한 주 여러분의 스케줄을 조절해봅시다.

다음 주 일정 중 정해진 일정을 미리 플래너에 적어 보고, 그 일정에 예상되는 이모티콘을 옆에 그려 넣어 보세요. 플래너가 없다면 아래 표에 간략하게 적어도 좋습니다.

날짜	. ( )	. ( )	. ( )	. ( )	. ( )	. ( )	. ( )
일정과 감정							

03 이번 주의 스마일과 찡그림, 무표정 이모티콘 개수를 각각 세어보세요.

스마일 _____ 개

찡그림 _____ 개

무표정 _____ 개

Q4 이번 주에 예정된 스케줄 중, 찡그림과 무표정이 차지하는 비중은 얼마나 되나요?

_____

_____

_____

05 이번 주에 예정된 찡그림과 무표정 일정 중 스마일로 바꿀 수 있는 것이 있다면 바꾸어 적어 봅시다. (예 가고 싶지 않은 저녁 약속)

_____

_____

_____

06 이번 주에 예정된 찡그림과 무표정 일정 중 내가 바꿀 수 없는 일정 뒤에는 스마일을 추가할 만한 일정을 적어 봅시다. (예 야근 후 맛있는 음식 먹기)

_____

_____

_____

생각보다 내 인생에는 내가 컨트롤할 수 있는 일이 많습니다. 플래너에 표시된 찡그림과 무표정의 30%를 스마일로 바꾸겠다는 마음으로 지금 당장 시작해 보세요. 원치 않는 돈과 시간의 낭비를 줄여, 자유롭게 쓸 수 있는 돈과 시간을 늘릴 수 있습니다.

꼭 예정된 스케줄대로 지내야 한다는 생각 습관을 버리면 여유가 생겨 돈과 시간을 즐겁게 쓸 수 있답니다!

PART 3

money

: 소비 :

돈을 끌어당기는 사람은
돈이 생기는 곳에 돈을 쓴다

돈을 끌어당기는 생각 습관

돈에도 건강검진이 필요하다

●

돈에 끌려다니는 사람들의 돈 쓰는 법

●

돈을 끌어당기는 사람은 돈을 쓸 때도 어영부영 쓰지 않습니다. 정확한 목적을 가지고 쓰지요. 또 돈을 쓸 때 가진 돈이 줄었다고 한탄하지 않습니다. 자신의 가치가 올라가는 것을 기쁘게 생각합니다.

그럼 돈을 끌어당기는 사람은 구체적으로 어떤 식으로 돈을 쓸까요?

3장에서는 돈을 끌어당기는 사람들의 '돈 쓰는 법'을 설명하겠습니다.

그 전에 돈에 끌려다니는 사람들부터 살펴보지요. 이들의 돈 쓰는 법에는 몇 가지 공통점이 있습니다.

예를 들어 이런 것들입니다.

- 특별히 대단한 물건을 산 것도 아니고, 매일 외식을 한 것도 아닌데 왠지 늘 돈이 부족하다.
- 인간관계의 스트레스나 업무상 불안을 해소하기 위해 홧김에 큰돈을 써버리는 경우가 있다. 그런 뒤에는 마음이 개운하지 않고, 허무하기까지 하다.
- 사치스러운 생활을 하는 것도 아닌데 저축은 시간이 지나도 목표액에 도달하지 않는다.

이런 항목들이 바로 돈 쓰는 법이 건강하지 않다는 증거입니다. 위 내용에 해당된다면 지금 당장 돈 쓰는 법을 개선할 필요가 있겠지요.

돈을 끌어당기는 사람들은 돈을 '건강하게' 씁니다.

사실 그들이 무리하지 않고도 저축을 지속하고, 수입을 늘리는 것은 가진 돈이 매우 건강하기 때문입니다.

그들이 돈의 증감에 일희일비하지 않고, 자기다운 인생을 실현하며 사는 것도 돈을 건강하게 다루기 때문입니다. 행복을 맛보려면 건강한 몸이 있어야 하지요? 마찬가지로 경제적인 행복을 맛보기 위해서는 돈이 건강해야 합니다. 그런데 돈이 건강하다는 말이 무슨 뜻일까요?

내 돈은 건강한가?

그럼 '돈의 건강'이란 구체적으로 무엇을 말하는지 알아봅시다.

돈의 건강을 측정하려면 두 가지 관점이 필요합니다.

하나는 '경제적 건강도'입니다. 이는 자기 돈의 수지가 흑자인지 적자인지를 숫자로 판단하는 것을 말합니다.

또 하나는 '감정적 건강도'입니다. 카테고리별 지출에 대해 자신이 어떻게 느끼는지를 이모티콘을 붙여 진단할 수 있습니다. 앞에서 시간의 만족도를 이모티콘으로 표시하는 것과 같은 방법으로 영수증에 이모티콘을 그려 넣어 보세요. 지출에 대한 만족도를 일목요연하게 볼 수 있습니다.

보통 파이낸셜 플래너는 돈의 수지만 확인할 수 있는데, 돈은 행복과 교환할 때 비로소 가치가 생기는 법이지요. 따라서 돈 쓰는 법이 당신을 행복하게 하는지를 판단하려면 지출의 만족도를 살펴보아야 합니다.

경제적 건강도와 감정적 건강도를 조합하면 돈의 상대적 건강도를 네 그룹으로 나누어 살필 수 있습니다.

[1그룹] 돈을 끌어당기는 사람: 경제적으로 흑자 × 감정적으로 흑자

- - - - -> 돈도 있고, 행복감도 얻은 사람

[2그룹] 다소 돈을 끌어당기는 사람: 경제적으로 흑자 × 감정적으로 적자

- - - - -> 돈은 있으나, 돈을 자신의 행복을 위해 쓰지 못하는 사람

[3그룹] 다소 돈에 끌려다니는 사람: 경제적으로 적자 × 감정적으로 흑자

- - - - -> 지금은 행복하지만, 미래가 불안한 사람

[4그룹] 돈에 끌려다니는 사람: 경제적으로 적자 × 감정적으로 적자

- - - - -> 돈이 없고, 지금도 행복하지 않으며 미래까지 불안한 사람

'감정적으로 흑자'는 행복도가 높다, '감정적으로 적자'는 행복도가 낮다는 의미입니다.

지금은 비록 2~4그룹에 속하더라도 경제적, 감정적 두 가지 관점에서 돈의 건강도를 높이면 1그룹, 즉 돈을 끌어당기는 사람이 될 수 있습니다.

쉽게 설명하면, 돈에 끌려다니는 사람은 다음 두 군데에 돈을 씁니다.

- **일시적인 행복 또는 일시적인 스트레스를 해소하는 곳이나 물건**
- **구입한 순간부터 가치가 떨어지는 상품**

한편 돈을 끌어당기는 사람은 다음 두 군데에 돈을 쓰지요.

- **행복도가 높아지거나 지속되는 곳이나 물건**
- **지식이나 기능, 자산, 유행을 타지 않고 가치가 오르는 상품**

따라서 돈을 끌어당기는 사람이 되려면 행복도와 가치가 시간이 흐를수록 커지거나 지속되는 데에 돈을 써야 합니다.

물론 현재 당신이 2~4그룹에 해당하더라도 괜찮습니다. 앞으로 설명할 내용을 잘 익히기만 하면, 돈에 대한 불안 없이 행복이 넘치는 나날을 보낼 수 있을 테니까요.

그럼 본론으로 들어가지요. 이제 경제적 건강도와 감정적 건강도를 높이는 비결에 관해 알아봅시다.

경제적 건강도를 높이는 '대충 가계부' 쓰기

・

초간단 나의 총자산 파악하기

・

먼저 당신이 얼마나 건강하게 돈을 쓰는지, 아주 단순한 수식
으로 값을 구해봅시다.

순자산 = 수입 – 지출

딱 이렇게 끝나는 수식입니다. 각 항목의 의미는 다음과 같
습니다.

- 순자산: 자유롭게 쓸 수 있는 돈
- 수입: 월수입 + 주식 등의 월 배당 수입이나 부동산 수입
- 지출: 한 달 생활비 + 집과 자동차 등의 할부금 및 대출이자 등 매달 갚아 나가는 돈

이제 대략이라도 좋으니 자기 상황에 대입해 계산해보세요.

순자산 [원] = 수입 [원] − 지출 [원]

이렇게 월수입과 월 지출로 자신의 순자산을 파악해봅니다. 이 계산 결과가 현재 당신의 '돈 쓰는 법에 대한 성적표'입니다.

돈을 끌어당기는 사람은 순자산이 플러스 값이며, 이는 경제적으로 흑자라는 의미입니다.

돈에 끌려다니는 사람은 순자산이 마이너스 값으로, 이는 경제적으로 수지균형 또는 적자를 나타냅니다.

주의할 점은 당신의 '가치'입니다. 가치는 '당신의 수입이 얼마나 되느냐?'가 아니라 수입에서 지출을 뺀 잔액, 즉 '순자산이 얼마나 되느냐?'로 정한다는 점을 기억하세요. 이로써 획득한 돈을 잘 쓰고 있는지 여부를 확실히 알 수 있습니다.

이것이야말로 돈을 끌어당기는 사람이 되기 위한 첫걸음입니다. 자신이 어떻게 돈을 쓰는지 숫자로 정확히 파악하는 데서 출발해야 해요.

미리 이야기합니다만, 이는 어디까지나 돈이라는 측면에서의 성적표일 뿐, 사람 됨됨이를 나타내는 수치는 아닙니다. 물론 한 인간으로서의 모든 가치를 나타내는 척도도 아닙니다.

계산 결과를 보고 무조건 우쭐하거나 극단적으로 실망한다면, 돈에 끌려다니는 사람이라는 사실을 증명할 뿐입니다. 성적표의 숫자에 일희일비하는 일은 돈에 약하다는 증거가 되지요.

그럼 앞으로 행복한 인생을 즐기기 위해서 차분하게 자신의 성적표를 들여다봅시다.

●

제대로 정리하면 돈은 불어난다

●

돈을 끌어당기는 사람은 돈이 '원하는 물건과 교환하기 위한 도구'라는 사실을 알고 있습니다.

돈 자체에서 가치를 찾지 않고, 돈은 자신이 원하는 것과 교환하는 힘을 가진 도구일 뿐, 그 이상이 아니라고 생각하지요.

그래서 그들은 도구보다 사람, 좋아하는 일을 하는 나 자신을 돈보다 더 가치 있게 여깁니다.

돈이 없다고 고민하는 사람이 많은데, 그 말은 곧 원하는 것과 교환할 도구가 없다는 의미입니다. 도구가 없어서 불안하다는 느낌도 이해할 수는 있습니다.

하지만 설사 도구가 없다 해도 현재 가진 것을 교환할 도구로 바꿀 힘만 있다면, 괜찮습니다. 그러니까 돈을 끌어당기는 사람은 교환 능력이 높은 사람이라고 할 수 있지요.

3장을 시작할 때 돈을 끌어당기는 사람과 돈에 끌려다니는 사람은 돈 쓰는 법이 어떻게 다른지 살펴보았습니다. 각자 교환 능력이 하늘과 땅만큼 큰 차이가 났지요.

돈을 끌어당기는 사람은 먼저 자신이 가진 것을 정리하는 작업부터 시작합니다. 손에 쥔 아이템 중에 장래성이 있어 보이는 것을 고르지요. 자신의 강점을 파악해야 더 가치 있는 도구와 교환할 수 있음을 알기 때문입니다.

반대로 돈에 끌려다니는 사람은 가진 아이템을 닥치는 대로 도구로 교환하는 데에만 집중합니다. 그 결과 질이 좋지 않은 도구로밖에 교환할 수 없어서, 늘 아쉬워합니다. 원하는 것을 손에 넣지 못하게 되는 것입니다.

현실에서도 마찬가지입니다. 돈을 끌어당기는 사람은 '일단 돈부터 불리고 보자.'는 초조한 생각 때문에 누군가의 꾐에 넘어가거나 쉽게 부업을 시작하는 짓을 하지 않습니다.

일단 지금 가진 돈을 깔끔하게 정리한 다음, '어느 부분을 어떻게 활용하면 지금보다 더 가치 있는 것을 획득할 수 있을까?'를 따져 나가지요. 그들은 돈을 잘 정리하고 불필요한 지출을 가치 있는 것으로 바꿔갑니다.

●

'대충 가계부'를 쓰자

●

가진 돈을 늘리려면 맨 처음에는 돈부터 정리해야 합니다. 그러려면 가계부를 쓰는 버릇을 들여 숫자에 강해져야 해요.

아마 여기저기서 볼멘소리가 터져 나올 것 같습니다.

"셈에 약한 내가 가계부를?"

"써본 적은 있지만, 한 달도 못 가 포기했는걸!"

실제로 당신이 상상하는 이상으로 가계부를 쓰는 데 어려움을 느끼는 사람이 많습니다.

그런데 가계부야말로 '수입 - 지출'로 당신의 순자산을 산출

할 수 있는 최고의 수단입니다. 가계부는 돈을 끌어당기는 사람이 되는 지름길을 제시해 줍니다.

가계부를 쓰지 않는 것은 화장은커녕 거울도 한 번 보지 않고 외출하는 일과 같습니다. 아무런 노력 없이 매력적인 스타일이 완성될 리가 있나요?

돈도 마찬가지입니다. 숫자에 강해지기 위한 기본적인 노력을 하지 않고, 돈에 강해지기를 바랄 수는 없답니다.

저는 많은 사람들의 경제 문제를 상담해왔습니다.

제 경험으로 통계를 내면, 열 명 중 아홉 명이 가계부를 쓴 적이 있었고 도중에 그만둔 '좌절 경험자'였습니다. 제가 보기에 그 이유는 '너무 열심히 적었기 때문' 같습니다. 성실한 사람일수록 돈을 철저하게 관리하자는 생각에서 푼돈 하나까지 정확히 기록하려 듭니다.

하지만 집안일과 바깥일, 자기 계발, 취미 생활 등 우리는 할 일이 너무 많습니다. 가계부를 세세하게 적을 시간적 여유가 거의 없지요. 그러니 너무 열심히 기록할 필요 없습니다.

가계부를 적는 목적은 동전 하나까지 틀림없이 맞추는 완벽한 장부의 완성이 아닙니다. '수입 - 지출', 그러니까 자기 돈의 수지를 파악하며 살자는 취지입니다. 그리고 나중에 그 내용을 근거로 수지가 마이너스인 사람은 플러스로 갈 수 있도록, 경제적 자립을 하기 위해서입니다.

따라서 돈을 끌어당기는 사람이 실천하듯 '가계부는 대충 큰 틀을 파악할 수 있을 만큼만 적기'로도 충분합니다. 언제나 현재 자신의 금전 수지를 알아두는 것이 중요합니다. 그것이 경제적 건강도를 올리는 비결이랍니다.

돈, 이렇게 쓰면 또 생긴다

•

행복해지는 지출로 인생의 질을 높이자

•

우리는 마음을 채우기 위해 돈을 씁니다.

갖고 싶은 가방이나 구두를 살 때 가슴이 설레는 이유는 돈을 쓰고 싶은 곳에 쓰기 때문이지요. 돈을 끌어당기는 사람들도 같은 기분을 느낍니다.

그들은 자신을 행복하게 만들어주는 시간에 돈을 씁니다. 불필요한 지출을 줄이고 자연스레 돈을 불리는 습관이 몸에 배어 있습니다.

돈을 쓸 때는 여러 감정이 함께 작용합니다.

'이렇게 쓰다가 월급 전에 파산하는 거 아냐?' 하며 그 달의 수지가 흑자인지 적자인지 생각할 뿐 아니라 '드디어 샀네! 좋아라!', '고작 이런 거 사는 데 돈을 너무 쓰는 거 아냐?' 등 온갖 감정이 일어나지 않습니까?

그런데 이런 경험은 없습니까?

줄곧 갖고 싶었던 수십만 원대의 가방을 사서 집으로 돌아오다가 마트에 들렀습니다. 행사 품목을 둘러보며 이런 생각을 하지요.

'오늘은 돈을 너무 많이 썼으니까 식비를 아끼자.'

그러면서 평소보다 100원 싼 오이 몇 개와 반값 할인 중인 반찬을 집어 카트에 담고는 속으로 외치지요. '2,500원이나 아꼈네, 야호!'

금액만 보면 '수십만 원대의 지출'과 '합계 3,000원도 안 되는 절약'이니 금전 수지가 맞지 않습니다. 그렇지만 '지출이 컸으나 절약도 했다.'는 마음이 들기 때문에 기분상으로는 플러스 마이너스 제로가 되어 감정 수지는 잘 맞는 셈입니다.

이 소비가 나를 행복하게 만들까?

돈을 쓸 때는 감정이 움직입니다.

'버는 돈은 많은데 저축이 없다.'는 사람도 그 원인이 주로 감정인 경우가 많습니다. 감정의 균형이 깨져 있다는 이야기지요. 그들은 이렇게 생각합니다.

'안정적인 직업을 가지려고 꿈을 버리고 현재 직장에 들어왔어. 그 덕에 월급은 많은데 업무상 스트레스가 너무 많아. 결국은 스트레스 해소에 돈을 많이 쓰게 된다니까.'

얼핏 '월급은 많으나 스트레스가 있다. 그만큼 돈을 써서 쌓인 스트레스를 발산한다.'는 흐름이 감정의 수지가 맞는 것처럼 보입니다. 그들 자신은 금전 수지와 감정 수지의 플러스 마이너스를 제로로 만들어 마음을 편안하게 유지했다고 믿을지도 모릅니다.

그러나 실제로는 돈을 쓴다고 마음에 쌓인 스트레스가 해소되었을까요? 일시적으로 감정 수지가 제로가 됐다 해도 머지않아 반작용이 일어나겠지요.

'난 이 일을 왜 하는 걸까?' 등 회의가 들면서 스트레스를 풀기 위한 낭비벽이 다시 도질 겁니다.

만약에 수입이 늘었다고 해도 스트레스가 쌓이는 근본적인 원인인 감정 수지가 적자를 벗어나지 못하기 때문에 낭비벽도 잘 낫지 않습니다.

이는 돈의 감정적 건강도가 낮은 상태입니다.

돈을 끌어당기는 사람은 돈을 쓸 때 자신의 감정을 중요하게 여깁니다.

'이 물건을 사면 정말 내가 행복한 기분을 느낄 수 있나?', '이 밥값은 정말 나에게 만족감을 줄까?', '이 세미나는 정말 나의 가치를 높여줄까?' 그들에게는 이렇게 자기 마음의 솔직한 목소리에 귀를 기울이는 습관이 있지요.

그 결과 돈을 쓰고도 마음이 허해지는 낭비를 하지 않아요. 대신에 자신의 감정을 만족시키면서도 자기 가치를 높이는 방식으로 돈을 씁니다. 이것이 바로 '돈의 감정적 건강도를 높인다.'는 의미입니다.

당신도 오늘부터는 돈을 쓸 때 '이 지출은 나를 행복하게 만드는가?'라고 마음속으로 자문자답해 보세요. '그렇다.'고 답할 수 있으면 돈의 감정적 건강도가 올라갔다는 증거입니다.

쓴 만큼 돈이 들어온다?

돈을 끌어당기는 사람은 돈을 쓰는 동시에 다시 생기게 만듭니다.

가령 일이 좋아서 직무 능력을 올리려고 책을 사서 읽거나 세미나에 가기를 즐기는 사람은 업무에 돈을 쓰는 유형의 사람입니다.

이 경우 그 사람이 쓰는 돈은 만족감을 부를 뿐 아니라 수입도 낳습니다.

여러분이 음식을 만들어 친구에게 대접하기를 좋아한다면 재료비는 행복감을 낳는 돈입니다.

식사 후, 친구의 부탁을 받고 조리법을 알려주었더니 나중에 친구가 답례로 과자 선물을 주었습니다. 그렇다면 여러분이 쓴 돈은 행복감과 함께 과자도 생기게 만들었습니다.

이것은 돈을 건강하게 쓰는 방법 중 아주 중요한 대목입니다.

- 행복하다고 느끼면서 돈을 번다.
- 행복하다고 느끼는 곳에 돈을 쓰고 그 돈이 다시 돈을 부른다.

그들이 쓴 가계부를 보면 '돈의 들고남'이 일치합니다. 요리에 돈을 쓰고, 요리를 통해 돈이 들어오는 식이지요.

여러분에게도 해당되는 이야기라면, 돈을 끌어당기는 사람이 될 소질이 있다는 증거라고 보면 됩니다. 그럼 이제 돈을 불리기만 하면 되겠군요!

●

돈과 행복이 모두 늘어나게 하자

●

한편 자신이 쓰는 돈이 전혀 만족감으로 연결되지 않는다는 사실을 깨닫고 실망한 사람도 있을지 모르겠습니다.

그럴 경우, 우선 여러분을 행복하지 않게 만드는 지출이 무엇인지를 가계부에서 찾아낸 다음, 제로가 될 때까지 줄여보세요. 불필요한 지출이 사라질 겁니다. 그렇게 해서 굳은 돈은 물론 여러분의 행복을 위해 써야겠지요.

가계부를 쓰면 여러분에게 행복을 주는 것이 무엇인지 알게 됩니다.

돈에 끌려다니는 상태에서는 돈과 행복 둘 다를 놓칩니다.

- 행복하다는 느낌이 들지 않는 일로 수입을 올리고

- 스트레스를 해소하기 위해 돈을 쓰며

- 그 돈은 행복감도 새로운 돈도 낳지 않는다.

이렇게 되면 돈이 바닥나는 방향으로 악순환이 거듭되지요. 그러나 돈을 끌어오는 상태에서는 돈과 행복이 함께합니다.

- 행복을 느끼는 일을 해서 수입을 올리고

- 획득한 돈을 행복하다고 느끼는 곳에 쓰며

- 그 돈이 또 다른 행복과 돈을 낳는다.

그리하여 돈과 행복이 모두 늘어나는 방향의 선순환에 들어섭니다.

돈을 부르는 사람들은 풍족함의 선순환을 만들기 위해 숫자뿐 아니라 자신의 감정에도 매우 충실하게 살아갑니다.

지금 돈도 행복도 모두 적자라면

•

대부분의 사람은 돈에 약하다

•

누구나 경제적, 감정적으로 모두 흑자인 돈에 강한 사람이 되고 싶어 합니다. 돈을 끌어당기는 사람은 돈에 대한 불안이 없고 심적으로도 만족감이 가득하지요.

버는 액수가 얼마든 자신이 돈을 끌어당기는 사람인지, 돈에 끌려다니는 사람인지는 145쪽에 나오는 네 그룹에 대입해보면 알 수 있습니다.

네 그룹 중에서 가장 안타까운 그룹은 경제적으로는 흑자인데 감정적으로는 적자인 사람들입니다. 돈을 끌어당기는 사람이 될 가능성이 가장 높으면서도 그 기회를 알아차리지 못하고 놓치고 있기 때문입니다.

흔히 돈에 끌려다니는 사람은 극히 소수일 거라고 생각하지만, 그렇지 않습니다. 스스로 의식하지 못할 뿐 대부분의 사람은 돈에 약하다고 할 수 있습니다.

지금까지 보면서 돈을 끌어당기는 사람으로 변신하겠다는 목표가 생기셨나요? 그것이 단순한 꿈이 아니란 사실을 저는 알고 있습니다.

다만 몇 가지 중요한 사항이 있어요. 그것을 배울 필요는 있답니다.

과거에는 돈에 끌려다니는 사람이었지만, 돈을 대하고 다루는 방법을 바꿈으로써 지금은 완벽하게 돈을 끌어당기는 사람이 된 여성 M 씨를 소개하겠습니다.

M 씨는 어떤 점을 어떻게 고쳐서 돈을 끌어당기는 행복한 사람이 되었을까요? 그중 하나라도 좋으니 따라서 할 수 있는 부분부터 시도해보기 바랍니다.

계약직 싱글맘 M 씨의 사례

도쿄에 사는 싱글맘 M 씨는 현재 딸을 키우면서 계약직으로 일하고 있습니다.

지방 출신인 M 씨는 학창시절에 하루라도 빨리 독립하고 싶어서 고등학교를 졸업하자마자 도쿄로 왔습니다.

"저는 특별히 할 줄 아는 것도 없었어요."

내성적인 성격에 자신을 내세우지 않았지만, 상사의 기대에 부응하며 한 회사에서 묵묵히 근무한 지 10년이 되었을 때였습니다. 그해 여직원 중에서 가장 좋은 평가를 받기에 이르렀습니다.

연봉 5,000만 원을 받았던 그 시절을 그녀는 이렇게 회상했습니다.

"기존의 일을 잘 해내서 새로운 역할을 맡을 수 있었어요. 다양한 사람을 만나서 즐거웠습니다. 일을 통해 새로운 경험을 할 수 있었고 자극도 많이 됐죠."

M 씨는 원래 결혼하고 싶은 생각이 없었습니다. 사귀던 상대는 있었지만, 함께 살고 싶다고 생각한 적도 없고 동거를 해

본 적도 없었습니다. 한때 프로포즈를 받은 적이 있지만, 꼭 결혼이라는 형식에 얽매일 필요는 없다고 생각해 독신생활을 즐기며 살았습니다.

그런데 서른다섯 살 때, 뜻밖에 임신을 했습니다. 그때까지 결혼이라는 선택지는 생각지도 않았던 M 씨는 태어날 아기를 위해 결혼을 결심했습니다. 계속 회사에 다닐지에 대해서도 결론을 내려야 했어요.

"저는 일을 할 때 몰입하는 타입이에요. 그래서 그대로 정직원으로 일하면서 육아를 병행할지, 육아에 전념하기 위해 계약직으로 전환할지 고민을 많이 했어요."

M 씨는 자신의 성격을 고려해 정직원 신분으로 육아를 일과 양립하기는 어렵다고 판단해서, 계약직으로 돌아서기로 결심했습니다.

그런데 결혼 첫해에 부부 관계가 삐걱거리기 시작해서, 결국 6년 전에 이혼했습니다. 이혼을 계기로 그녀의 경제 사정은 나빠졌습니다. 생활은 눈에 띄게 어려워졌고, 양육비와 아동수당으로 생활을 근근이 이어가는 형편이 되었습니다.

'적어도 1년에 한 번은 딸아이를 데리고 여행을 갔으면 좋겠어.'

'우리 딸 대학 학비는 마련해 주고 싶어.'

'하지만 당장에 생활도 어렵고 저축은 한 푼도 없네.'

당시 M 씨는 그야말로 '경제적으로도 적자, 감정적으로도 적자'인 돈에 끌려다니는 사람이었습니다. 그런 M 씨가 자신과 딸의 미래를 바꾸기 위해 저를 찾아와 상담을 요청했습니다.

그녀는 과연 어떻게 변화했을까요?

돈을 끌어당기는 사람으로 재탄생할
돈 정리의 기술 4STEP

·

내게 맞는 '저·자·고·변'의 비율을 알자

·

돈을 끌어당기는 사람으로 재탄생하려면 우선 가계부부터 써야 합니다. 이건 앞에서 이야기했지요.

저는 M 씨에게도 가계부를 쓰게 했는데, 적은 내용을 보니 이랬습니다.

매달 수입은 월급 실수령액 220만 원에 전 남편으로부터 받는 양육비 40만 원, 정부 지원 아동수당 394,500원을 합해 총 2,994,500원이었습니다. 지출은 2,875,400원으로 남는 돈이

119,100원이었습니다.

　적자를 겨우 모면하는 수준이었지요.

순자산[119,100원] = 수입[2,994,500원] − 지출[2,875,400원]

　저축액이 없는 가계와 적자 가계를 개선할 때는 그 사람이 가진 돈에 대한 믿음을 바꿀 필요도 있지만, 그보다 먼저 해결해야 할 것이 있어요. 바로 돈을 정리 정돈하는 일입니다. 불필요한 지출이 없는지를 밝혀낸 다음, 저축으로 돌려서 인생의 선택지를 늘리는 것이 선결 과제이지요.

　그래서 M 씨의 지출을 상세히 살펴 돈을 정리 정돈했습니다. 그 순서는 다음과 같습니다.

[STEP1] **저축**(재형저축, 적립식 투자신탁 등)

[STEP2] **자기 투자비**(책, 세미나 등)

[STEP3] **고정비**(주거비, 통신비, 공과금 등)

[STEP4] **변동비**(식비, 모임비, 미용비 등)

■ 경제적, 감정적으로 모두 적자인 M 씨의 가계부

항목		금액	비고	
수입	실수령액	2,200,000		연 수입 약 36,000,000원
	양육비	400,000		
	아동수당	394,500		월수입 합계 2,994,500원
	보너스	0		
저축	저축	0		
				월 저축 합계 0원
지출	자기 투자	요가 월회비	32,400	
		세미나 참가	100,000	
				자기 투자 132,400원
	고정비	집세(대출금)	1,170,000	
		공과금	100,000	
		통신비	140,000	전화, 휴대폰, 태블릿
		교통비	200,000	
		보험료	0	
		교육비	110,000	
		주차장(자택)	10,000	
		주차장(역)	18,000	
				고정비 합계 1,748,000원
	변동비	식비	450,000	
		모임비	55,000	
		생필품	50,000	
		의류, 미용비	90,000	
		기타	50,000	
		카드값 상환	300,000	변동비 합계 995,000원
				지출 합계 2,875,400원
				수입 - 지출 = 119,100원

지출의 첫 순서에 어떻게 저축을 넣느냐고 놀랄지도 모르겠습니다. 그런데 강제로 저축을 지출에 포함시켜야 계획적이고 안정적인 저축을 할 수 있습니다. 저축을 가계의 기본 구조로 만들기 위해서라고 생각하면 됩니다. 위의 네 단계를 거치면 자유롭게 쓸 수 있는 순자산을 늘릴 수 있습니다.

　'자기 투자비' 항목은 익숙하지 않을지 모르겠습니다. 하지만 지금은 평균수명이 늘어나 100세 시대라는 말이 나옵니다. 능력 계발 등 자신을 갈고닦는 데에도 반드시 투자가 필요합니다.

　돈을 정리 정돈할 때는 꼭 위의 순서를 지켜서 하는 것이 중요합니다. 이것은 철칙입니다. 이상적 비율을 소개하자면 2:1:4:3입니다.

　단, 지출의 비율은 가구의 인원수와 가족의 상황, 가구의 연수입에 따라 달라지므로 172쪽에 나오는 표를 보고 비율을 참고하기 바랍니다. 이상적인 비율은 2:1:4:3 이지만, 현재 가능한 지점부터 시작해 보는 겁니다.

　싱글맘인 M씨는 저축에 1, 자기투자에 1, 고정비 5, 변동비 3의 비율이 현실적이었습니다. M씨의 구체적인 목표 지출액은 다음과 같습니다.

- 저축: 299,450원

- 자기 투자: 299,450원

- 고정비: 1,497,250원

- 변동비: 898,350원

    이상적 지출액과 현실 지출액을 비교해보면 한눈에 알 수 있습니다. 어디에 돈을 과다 지출하는지, 또 어디에는 돈을 아끼느라 돈을 끌어당기는 사람이 되지 못했는지를 말입니다.

    M 씨처럼 적자를 겨우 모면하는 사람은 물론, 적자 때문에 저축이나 자기 투자를 못하는 사람은 돈에 끌려다니는 사람입니다. 저축은 가능해도 자기 투자를 못하는 사람과 자기 투자는 가능해도 저축을 못하는 사람도 역시 돈에 끌려다니는 사람이라 할 수 있지요.

    그 어떤 경우라도 벌어들이는 금액과는 상관없습니다. 이상적 비율로 지출할 수 있는지가 중요하지요. 이것이 바로 돈을 끌어당기는 사람이 될 수 있는 비결이랍니다.

■ 지출 비율 기준표

독신여성, 회사원		
실수령 수입 200만 원	저축 40만 원	2
	자기 투자 20만 원	1
	고정비 80만 원	4
	변동비 60만 원	3

• 이상적 비율은 2:1:4:3

맞벌이, 자녀 없음		
실수령 수입 400만 원	저축 100만 원	2,5
	자기 투자 40만 원	1
	고정비 160만 원	4
	변동비 100만 원	2,5

• 자녀가 없으면 이상적 비율보다 저축을 더 늘릴 수 있다.

맞벌이, 자녀 둘		
실수령 수입 400만 원	저축 80만 원	2
	자기 투자 40만 원	1
	고정비 160만 원	4
	변동비 120만 원	3

• 맞벌이인 경우, 자녀가 있어도 이상적 비율을 유지할 수 있다.

싱글 맘, 자녀 하나		
실수령 수입 250만 원	저축 25만 원	1
	자기 투자 25만 원	1
	고정비 125만 원	5
	변동비 75만 원	3

• 수입은 많지 않더라도 저축과 자기 투자는 확보하는 것이 좋다.

돈을 끌어당기는 사람의 돈 쓰는 습관:
주거비

•

행복도가 떨어지는 절약은 하지 말자

앞에서 소개한 이상적 지출의 비율을 기준으로 가계부를 살펴보세요. 지출이 과한 부분, 다시 말해 개선이 필요한 지출 항목이 명확하게 드러날 것입니다.

M 씨는 주거비에 돈을 과하게 쓰고 있었습니다.

싱글맘의 고정비 1,497,250원 중 주거비가 1,170,000원이었어요. 그런데 고정비에는 주거비 외에도 각종 대출금 상환 비용 및 공과금, 교육비와 보험료, 통신비 같은 항목이 포함됩니다. 그대로 두면 이상적 지출보다 지출이 훨씬 많은 상황이었습니다.

M 씨의 가계부에서 가장 먼저 개선해야 할 부분은 '주거비 지출 삭감'이었어요. 이를 위해 지금보다 집세가 싼 곳으로 이사를 해야 했습니다.

그런데 M 씨가 수입에 비해 비싼 곳에 사는 이유가 있었습니다. 어린 시절 갖고 있던 돈에 대한 믿음과 관련한 것이었지요.

어린 시절 M 씨의 믿음은 '돈이 없다, 얻어낼 수 없다'는 D유형이었습니다.

일곱 형제 중 여섯 번째로 태어난 M 씨는 부모님을 힘들게 하지 않는 아이였습니다. 그녀는 언제나 부모님이 힘들지 않을까 걱정하고 살피며 자랐습니다. 한 살 위의 오빠가 늘 부모님의 속을 썩였기 때문에 늘 이런 생각을 했다고 합니다.

'부모님이 나까지 신경 쓰게 하지 말고 잘해야지.'

그래서 "이거 갖고 싶어.", "걔도 샀단 말이야!" 같은 말을 한 번도 하지 않고 자랐습니다. 그녀는 자연스레 참을성이 많아졌고, 그 때문인지 지금도 자신의 감정을 말로 잘 표현하기가 어렵다고 합니다.

게다가 그녀가 나고 자란 곳은 이웃들의 간섭이 심한 시골이었습니다. 중학교 때 그런 환경이 싫어서 하루라도 빨리 독립해서 자유로워지겠다는 결심을 했다고 합니다. 집에서도 밖에서도 마음을 붙일 곳을 찾지 못했던 아이였던 셈이죠.

경제적 흑자만큼 감정적 흑자도 중요하다

이렇게 어른이 된 그녀는 두 가지를 가장 원했습니다. 자신을 소중하게 대접할 수 있는 자기만의 공간, 자신이 자유롭게 쓸 수 있는 시간이 그것이었어요. M 씨는 오랫동안 다른 그 무엇보다도 편안히 머물 장소를 원했습니다.

돈을 끌어당기는 사람이 되기 위해 명심해야 할 것들 중 하나로, 절약에 관한 내용이 있습니다. 세상에는 '필요한 절약'과 '불필요한 절약'이 있다는 말입니다.

가령 M 씨가 주거비를 절약하려면 집세가 싼 곳으로 이사를 가고 저축을 더 할 수 있습니다. 하지만 그건 어디까지나 경제적인 수지를 흑자로 만들기 위한 수단입니다. 어릴 적부터 꿈꾸던 공간에 들인 지출까지 줄여서, 희망도 없는 곳으로 이사를 한들 M 씨가 행복을 느낄 수 있을까요?

행복도가 떨어지는 절약이야말로 '불필요한 절약입니다.

그래서 저는 M 씨에게 집세가 싼 집으로 이사를 가서 저축하는 행복과 저축액은 줄겠지만 살던 집에서 계속 사는 행복 중 어느 행복을 원하는지 물었습니다.

잠깐 생각하던 M 씨는 이렇게 되물었습니다.

"지금보다 수입이 늘면 살던 곳에 살면서 저축도 제대로 할 수 있지 않을까요?"

사실 M 씨는 도쿄에 와서 처음 들어간 직장의 사장님에게 영향을 받아 요가를 배웠는데, 강사 자격증까지 딸 만큼 푹 빠져 있었습니다. 벌써 집 주인에게도 옥상에서 요가 레슨을 해도 좋다는 허락을 받아둔 상태였죠.

그러니까 현재의 집은 요가 강습을 해서 돈을 벌기 위한 기능과 환경이 갖추어져 있다는 말이었습니다. M 씨는 원하지도 않는 절약을 하기보다 자신의 수입을 늘려서 원하는 생활을 유지할 수 있는 길을 가늠하는 중이었습니다.

경제적으로 흑자를 내는 일도 중요하지만, 그만큼 감정적인 흑자도 중요합니다. 물론 사람에 따라 어디서 행복을 느끼는지는 천차만별이겠지요.

M 씨는 그 대상이 집이었기 때문에 저는 M 씨가 행복을 느끼는 집에 돈을 쓰고 싶다는 감정을 우선시했습니다. 그리고 주거비 지출을 줄이는 선택지를 잠시 미루고 다른 지출 항목을 검토하기로 했지요.

돈을 끌어당기는 사람의 돈 쓰는 습관:
통신비, 식비

•

통신비, 식비 즐겁게 절약하기

•

집세 이외의 항목을 살펴보니, M 씨는 전혀 사치스럽게 생활하지 않았습니다.

다만 많은 이들처럼 휴대폰 요금 등의 통신비와 매월 지출액이 변하는 식비나 일용품, 미용비와 레저비 등의 변동비는 '필요한 절약'의 대상이었습니다.

M 씨는 휴대폰을 새로 장만하고 마침 2년의 계약 기간이 지났기 때문에, 저가 스마트폰으로 바꾸기로 했습니다. 그랬더

니 매달 14만 원 들던 통신비가 10만 원으로 줄었습니다.

변동비에는 여러 항목이 있지만, 그중에서 식비에 주목했습니다. 특히 '즐겁게 절약할 수 있을까?'에 중점을 두고 접근했습니다. 절약은 힘들면 지속하기 어려우니까요. 즐거워야 경제적, 감정적으로 모두 흑자를 낼 수 있을 뿐 아니라 오래 지속할 수 있기 때문입니다.

M 씨는 예산을 정해서 일주일치 식재료를 구입해 미리 음식을 장만해두고 먹는 방식에 도전해 보았습니다. 함께 시장에 간 딸은 물건을 잔뜩 골라오는 데 재미를 붙여 무척 즐거워했습니다. 그래서 이 방식을 지속하기로 했지요.

그 결과 한 달에 45만 원 들던 식비를 30만 원까지 줄일 수 있었습니다. 통신비와 합하면 약 20만 원이나 절약을 할 수 있다는 계산이 나왔습니다.

변동비를 조정할 때 주목할 부분이 또 있습니다. 특히 신용카드로 여러 대금을 지불하는 분들은 눈여겨보기 바랍니다. 신용카드는 얼마를 썼는지 그때그때 파악하기가 어렵다 보니 자기도 모르게 과소비를 하기 쉽습니다.

M 씨는 식비 외의 변동비 중 30만 원 정도를 신용카드로 지불하고 있었습니다. 그녀에 따르면 신용카드는 되도록 안 쓰

려고 하지만, 예상 밖의 지출이 발생하면 현금이 부족해서 이용한다고 했습니다. 그 내역은 아이의 수학여행비나 명절 귀성 비용, 집 계약 시 발생하는 부동산 수수료(월세 1~2개월분), 가전제품 고장 수리비 등이 있었습니다.

확실히 특별비라 부르는 예상 밖의 지출은 갑자기 생기는 법이지요. 문제는 특별비로 쓸 수 있는 저축이 없어서 늘 신용카드로 해결하고 있다는 점이었습니다. 비슷한 상황을 겪는 사람이라면 앞으로는 특별비까지 포함해서 저축을 생각해야겠지요?

돈을 끌어당기는 사람의 돈 쓰는 습관:
보너스, 각종 수당

·

못 받을 수도 있는 돈은 저축으로 돌린다

·

'어떤 돈을 얼마나 저축으로 돌려야 할지 모르겠어……'

이런 하소연을 많이 듣습니다. 그럴 땐 이렇게 생각해 보세요. '상대에 따라 못 받을 수도 있는 돈은 저축으로 돌린다.'라고 말입니다.

이를테면 보너스 같은 돈이 있습니다. 보너스는 몸담고 있는 회사의 실적에 따라 금액이 변하지요. 많이 받을 때도 있지만, 못 받을 때도 있습니다. 바로 이런 이유 때문에 보너스가 나올 것을 기대하고 미리 어디에 써버리지 않도록 주의하라는 말입니다.

보너스란 처음부터 저축으로 돌리기로 정해놓으세요. 뭔가 급한 일로 돈이 나가야 할 때를 위해 모아두는 것이 정답입니다.

자녀가 있는 가정에 지급되는 아동수당도 마찬가지입니다. 생활비에 보태서 바로 쓰지 말고, 아이의 장래 학비 등을 위해 저축해두어야 좋습니다.

이혼할 때 약속받은 양육비도 보너스나 아동수당처럼 저축으로 돌리기를 권합니다.

M 씨는 싱글맘이라 수입 중에 양육비 40만 원이 포함되어 있습니다. 매달 정기적으로 들어오다 보니 '써도 되겠지?' 하고 마음이 흔들리기 쉽습니다. 그렇지만 양육비도 상대가 있기에 들어오는 돈입니다. 상대의 상황에 따라서 언제 못 받게 될지 알 수 없습니다. 처음부터 없었던 돈이라 치고 저축으로 돌려놓는 편이 마음 편할 수 있습니다.

M 씨의 상황에서는 저축의 기준이 수입의 10%인 299,450원인데, 이렇게 조정한다면 M 씨의 경우는 794,500원(양육비 40만 원 + 아동수당 394,500원)은 저축으로 돌렸으면 좋겠습니다. 그만큼

을 저축으로 돌리면 수입의 20% 이상 저축이 생기니까요.

원래 매달의 가계 수지는 119,100원으로 흑자였습니다. 여기에 절약한 19만 원(통신비 4만 원 + 식비 15만 원)을 더한 금액을, 저축으로 돌렸으면 하는 금액인 794,500원에서 빼면 485,400원이 나옵니다.

이 차액인 485,400원을 요가 지도로 벌 수 있다면, 저축을 하면서 살던 집에서도 계속 살고 싶다는 희망까지 이룰 수 있습니다.

그렇게 할 수 있다면 현재를 즐기면서 저축도 하고 미래도 안심할 수 있습니다. 그야말로 돈도 얻고 행복감도 얻는, 돈을 끌어당기는 사람으로 다시 태어날 수 있는 플랜이 아닐까요!

저절로 돈이 모이는
3분할 저축술

저축을 셋으로 나누면 돈 고민에서 해방된다

'저축'하면 '얼마를 해야 안심할 수 있을까?'처럼 그 금액부터
신경 쓰는 사람들이 많습니다. 하지만 저축은 한 번에 넣는 액
수보다는 '어떻게 모으는지'가 더 중요합니다. 저축의 방법이
돈을 불리는 핵심 비결인 것이지요.

돈을 끌어당기는 사람은 저축을 다음과 같이 셋으로 나누어
합니다.

[단기 저축] 보통예금

[중기 저축] 재형저축, 정기예금

[장기 저축] 자산운용이 가능한 금융상품

    기간에 따라서 단기 저축, 중기 저축, 장기 저축으로 구분해 저축을 하면 돈에 대한 불안이나 고민에서 벗어날 수 있습니다.

    각 저축의 내용을 구체적으로 설명하겠습니다.

단기 저축: 1년 이내에 쓸 돈

    수학여행비, 귀성 비용, 연 1회 납부하는 보험료나 자동차 점검 비용, 경조사 비용, 가전제품 고장 수리비 등 예상치 못한 일로 지출이 발생할 때 활용합니다. 특별비 전용 저축으로 '생각지도 못한 곳에 또다시 돈이 나갔다.', '또 돈이 모자란다.' 같은 절망감이나 죄책감을 덜어주는 역할을 합니다. 일상적으로 이용하는 계좌와는 별개로 '돌발 상황' 해결용으로 보통예금 계좌를 만들어둡시다.

중기 저축: 1~10년 이내에 쓸 돈

주택 구입 시 선불 계약금이나 리모델링 비용, 차량 교체, 자녀 학비, 자기 투자에 쓰는 돈으로 활용합니다. 별도의 통장을 만들어 자동이체를 해두면, 시간이 흐른 뒤에 목돈으로 이용할 수 있습니다. '아무리 해도 돈이 모자랄 때는 선뜻 꺼내 써도 되는 돈'이라고 생각하면 정신적으로도 든든하겠지요.

장기 저축: 10년 이상 미래에 쓸 돈

매달 빠듯하게 살다 보면 장래의 일은 고민도 하지 않고 자꾸 뒤로 미루기 쉽습니다. 따라서 중기 저축만큼 장기 저축도 중요합니다. 장기 저축이 있으면 노후도 안심할 수 있습니다. 시간의 덕을 보는 금융상품이기 때문에 자산운용을 하더라도 리스크를 줄일 수도 있지요.

저축은 자녀 교육비와 노후 자금 등 미래에 필요할 돈을 준비하는 일입니다. 하지만 돈을 한 곳에 모아두면, 막상 어떤 일이 생겼을 때 그 돈을 쓰면서 고민에 빠지는 사람이 많습니다.

게다가 급한 지출은 언제든 생길 수 있기 때문에 돈이 계획대로 모이지 않는 일이 다반사입니다. 그럴 때마다 '힘들게 모은 돈인데 고작 이까짓 일로 써 버렸어!' 같은 실망감과 죄책감에 사로잡히고, 결과적으로는 돈에 약한 믿음이 강화될 수 있습니다. 그러므로 장기 저축이 있으면 감정적인 마이너스를 줄일 수 있겠지요.

열심히 미래를 준비하고 있다는 든든함

돈을 끌어당기는 사람들은 '단기·중기·장기' 셋으로 나누어 저축해둡니다. 이런 방식으로 경제적으로나 감정적으로 돈을 건강하게 모으고 씁니다. 셋으로 나누어 저축해두면 미래에 대한 불안이 줄어들 뿐 아니라 죄책감 없이 자유롭게 돈을 쓸 수 있다는 장점도 누릴 수 있습니다.

저축을 시작할 때는 수입이 많고 적고는 아무런 문제가 되지 않습니다. 그저 지출을 [저(저축)·자(자기 투자)·고(고정비)·변(변동비)]의 기준 비율 2:1:4:3에 따라 하고, 20%의 저축은 단기·중기·장기 셋으로 나누어 운용하기만 해도 충분합니다.

참고로 M 씨의 가계는 매달 약 30만 원(원래 흑자 액수 10만 원 + 통신비&식비로 절약한 20만 원)의 여유가 생겼으므로 각각 10만 원씩 다음과 같이 나누었습니다.

[단기 저축] 보통예금, CMA 등(이율 1%)

[중기 저축] 재형저축, 정기예금(이율 2%)

[장기 저축] 자산운용이 가능한 금융상품(이율 3~7%)

요가로 월 50만 원의 수입을 올린다면 매달 약 80만 원의 저축이 가능하게 되므로, 지금 사는 집에 계속 살 수 있습니다. 단, 집에 관해서는 기한은 1년으로 잡았어요. 1년 뒤까지 그만한 수입을 얻지 못하면 지금은 행복하지만, 앞으로 경제적으로 힘들어질 위험이 있으니까요.

M 씨는 이렇게 말합니다.

"단기와 중기 저축으로 들어간 돈은 써도 된다고 생각하니까 한결 마음이 가벼워졌어요. 게다가 장기 저축을 시작해서 '열심히 미래를 준비하고 있다.'는 생각에 마음이 든든합니다."

3분할 저축을 시작해 확실히 심적 여유가 생긴 그녀는 요가 레슨을 오픈하기 위해 열심히 달리고 있습니다.

하고 싶지만 못하는 저축, 기한을 정하면 쉽다

•

돈을 끌어당기는 사람은 기한을 정한다

•

"저축하고 싶은 마음이야 굴뚝같지만, 왠지 잘 안 되더라고요."

제가 주최하는 세미나에서 이런 고민을 토로하는 사람들을 자주 만납니다.

저축을 하고 싶기는 한데 그러지 못한다고 한숨 쉬는 그들의 본심은 이것이 아닐까요?

'저축이 중요하다는 건 알지만, 자유를 잃는 건 싫어.'

'절약에 너무 신경 쓰면 스트레스가 쌓인단 말이야.'

저축을 하면서 지금과 같은 생활을 꾸릴 자신이 없다는 뜻이겠지요.

그런 속마음 이야기를 들을 때마다 저는 이렇게 말합니다.

"기한을 정하면 더 자유로워질 거예요."

돈을 불리거나 쓰는 데 주도권을 쥐고 싶다, 좋아하는 일을 차례로 실현해가고 싶다, 이것이 가능하려면 기한을 정하면 됩니다.

'이때까지 이렇게'라고 기한을 정하면 그 시점부터 거꾸로 계산해서, 오늘 해야 할 일이 자동적으로 정해집니다. 나머지는 흐름을 타고 그대로 목표 지점까지 밀고 가기만 하면 되니까, 자유를 잃는 느낌 없이 목표를 달성할 수 있습니다.

예컨대 '3년 안에 1,000만 원을 모으겠다!'는 기한을 정했다고 합시다. 그러면 '언젠가는 저축을 해야 한다.'는 심적 압박감에서 당장 해방될 수 있지 않나요? 저축의 목표액과 기한을 정하고 매달 28만 원씩 자동으로 저축 계좌로 빠져나가게 하면, 더 이상 고민할 필요가 없으니까요.

기한을 정하면 행동이 쉬워진다

기한만 정해두면 행동도 자연히 단순해집니다.

　무엇보다 저축으로 돌린 돈을 제외하고는 당신이 자유롭게 쓸 수 있습니다. 그런데 만약 그 자유롭게 쓸 수 있는 돈보다 초과해서 쓴 경우에는 어떻게 하면 될까요? 그런 달은 친구들 모임이 있어도 고민하지 말고 '이번에는 패스!'라고 생각하면 됩니다.

　직접 기한을 정해서 저축을 시작하고 나면, 어쩔 도리가 없다는 사실을 분명히 인식하게 될 거예요. 사소한 선택 앞에서 망설일 이유가 없어집니다.

　저축을 하겠다고 결심한 사람은 '당장 안 모아도 때가 되면 잘 될 거야.'라는 주위의 흔한 말에 흔들리지 않습니다. 친구들이 펑펑 써가며 즐겁게 노는 모습을 보더라도, '지금은 내가 저축하는 시기니까'라는 인식을 되새길 뿐 흔들리지 않습니다. 자신이 되고 싶은 모습이 확실하게 있기 때문입니다.

　기한을 정하면 자유롭습니다. 만약 마음이 흔들린다면 기한을 정하지 않았기 때문입니다. 정하지 못하는 이유는 '되고 싶은 자신의 모습'이 없어서일지도 모릅니다.

사실 저도 예전에는 그랬습니다. 젊은 시절 5,000만 원이라는 거액의 빚을 떠안고 인생이 벼랑으로 몰릴 때까지 결단을 내리지 못했습니다. 당신은 그런 고통스러운 경험을 하지 말았으면 좋겠습니다. 그래서 저는 감히 말합니다.

'자기 손으로 정하면 자유로워진다. 돈을 부르는 사람이 되고 싶으면 기한을 정해서 저축을 시작하라!'라고 말입니다.

돈을 끌어당기는 사람은 자신에게 무엇이 행복인지, 자신은 어떻게 되고 싶은지를 잘 압니다. 그래서 자신과 다른 사람의 행복을 비교하느라 방향을 잃거나 흔들리지 않습니다.

꿈의 가계부로 미래의 자신을 그려보자

STEP 1

돈을 끌어당기는 사람이 된 나의 수입을 상상해 봅시다.

이제 돈을 끌어당기는 사람의 돈 쓰는 법에 한 발 더 가까이 다가가기 위한 방법을 소개할까 합니다.

아래 내용은 여러분이 돈을 끌어당기는 사람이 되었을 때 쓰게 될 '꿈의 가계부'입니다. 돈에 강한 사람이 된 자신을 상상하면서 빈칸을 채워 보세요.

Q1 **돈을 끌어당기는 사람이 된 당신의 월수입은 얼마인가요?**

_____

_____

Q2 **그 수입은 어떤 일을 해서 얻은 돈인가요?**

_____

_____

Q3 **투자신탁, 주식이나 부동산 등 자산을 통해 얻은 수입도 포함되어 있나요?**

_____

_____

돈을 끌어당기는 사람이 된 내가 돈을 어떻게 쓰는지 그려봅시다.

Q4 그 수입으로 어떤 것을 샀나요?

_____

_____

Q5 어디서 어떤 집에 살고 있나요?

_____

_____

Q6 당신의 인테리어 취향을 설명해 보세요.

_____

_____

Q7 입고 있는 옷은 어떤 브랜드인가요?

_____

_____

Q8 네일이나 헤어는 어떤 스타일인가요?

_____

_____

Q9 매일의 식사 시간에는 어디서 누구와 어떤 음식을 먹나요?

_____

_____

Q10 여행은 어느 정도의 일정과 간격으로 어디를 가나요?

_____

_____

Q11 그런 생활을 하는 당신은 어떤 표정을 짓고 있나요?

_____

_____

Q12 가족이 있다면 배우자와 자녀들은 어디에 돈을 쓰고 싶어 하나요?

_____

_____

Q13 그들은 어떤 표정을 짓고 있나요?

_____

_____

구체적인 이미지가 떠오르면 각 내용에 대해 쓰고 싶은 금액을 꿈의 가계부에 기입해 보세요. 지출은 총 얼마 정도 되나요? 계산이 끝났으면 [2:1:4:3]의 기준에 따라 각 항목의 예산을 써 보세요.

■ 꿈꾸는 미래를 손에 넣기 위한 가계부

	항목		금액	비고
수입	실수령액			
	보너스			
저축	저축			
지출	자기 투자			
	고정비	집세(대출금)		
		공과금		
		통신비		
		교통비		
		보험료		
		교육비		
	변동비	식비		
		모임비		
		생필품		
		의류, 미용비		
		기타		

연 수입   원

월수입 합계   원

월 저축 합계   원

자기 투자   원

고정비 합계   원

변동비 합계   원

지출 합계   원

수입 − 지출 =   원

예산 내에서 해결되나요? 아니면 예산을 초과하나요? 초과한다면 다른 항목을 조정해서 예산과 맞추거나 수입을 늘릴 방법을 고민해 보세요.

꿈의 가계부를 적으며 느낀 점을 말해 봅시다.

Q14 꿈의 가계부를 보면 어떤 기분이 드나요?

_____

_____

이 가계부를 보면서 기뻐하는 사람도 있겠지만, 무리라고 생각하는 사람도 있을 겁니다. 무리라는 생각이 들면 그것도 돈에 대한 약한 믿음의 소행입니다. 신경 쓸 필요 없습니다.

무엇보다 자신을 그 믿음에서 해방시키고 '나는 돈을 끌어당기는 사람이 될 거야!'라고 지금 결심하는 것이 중요합니다.

어떤 기분이 들었든 간에 이 가계부는 여러분이 원하는 가계부의 원형입니다. 여러분 안에 돈에 강한 사람이 잠재해 있기 때문에 이렇게 적을 수 있었던 것입니다. 여러분 안에 숨어 있는 돈을 끌어당기는 사람을 밖으로 끌어내려면 오늘부터 여러분의 행동이 달라져야 합니다. 미래는 여러분 손안에 있답니다.

PART 4

work
: 일 :

일하는 방식을 바꾸면
돈이 저절로 따라온다

돈을 끌어당기는 생각 습관

일이 너무 지루하지만, 돈 때문에 참는다고?

돈에 강한 사람은 일하는 것을 싫어하지 않는다

"솔직히 일은 고통스럽거나 지루해요. 할 수만 있다면 일을 안하고 살고 싶어요."

"하지만 그 고통과 지루함을 견뎌야 돈이 제게 오니까요."

"돈을 얻으려면 고통스럽거나 지루하더라도 지금 하는 일을 계속할 수밖에 없거든요……."

만약 당신이 이런 식으로 생각한다면 돈에 약한 믿음에 사로잡혀 있다는 뜻입니다.

왜냐하면 '일하는 시간 = 고통스러운 시간'이라는 생각이 굳어 있으면 '일하기 싫다.'고 자동으로 생각하기 때문입니다.

'싫은 일'에 대해 동기부여가 잘되거나 직무 능력이 빠르게 향상되는 사람은 없습니다. 싫은 일을 할 때는 집중이 잘 되지 않고, 여차할 때 분발할 수 없습니다. 그러면 생각대로 성과가 나지 않고 주위로부터 제대로 된 평가도 받을 수 없지요. 그 결과 보너스나 승급의 기회를 놓치게 되고, 수입도 늘리기 어려운 악순환을 초래하기 쉽습니다.

그러므로 돈에 약한 믿음에 사로잡혀 있으면 일하는 방식까지 부정적인 영향이 미칩니다.

●

좋아하는 일을 하면 돈이 모이는 이유

●

일에 관해 질문을 던지면 답은 대부분 다음 두 가지 패턴으로 나뉘더군요.

하나는 '일 = 하고 싶은 것'이고, 또 하나는 '일 = 해야 하는 것'이라는 답입니다.

당신은 어느 쪽인가요?

돈을 끌어당기는 사람은 '일 = 하고 싶은 것'이라고 생각합니다. '하고 싶은 일을 해서 돈을 버는' 생활방식을 실현하기 위해 '해야 하는 것'을 실행해가지요.

다시 말해 '해야 하는 것'을 '하고 싶은 것의 일부'로 받아들입니다. 해야 할 일을 하면 하고 싶은 일을 할 수 있다고 생각하면서 가까운 장래에 실현할 목표, 즉 '되고 싶은 자신'을 설정해 둡니다.

생각해 보세요. 좋아하는 일을 하면 일하는 시간이 즐겁기 때문에 다른 데 쓸 시간을 줄이고 일하는 시간을 늘리려는 것이 인지상정이겠지요? 일이 늘어나면 수입이 늘어나므로, 돈이 저절로 모입니다.

즉 돈을 끌어당기는 사람들에게 일이 늘어난다는 이야기는 하고 싶은 일이 늘어난다는 뜻, 달리 말하면 돈이 불어난다는 의미입니다. 그래서 '일을 더 하고 싶다!'고 생각하게 됩니다.

'수입 - 지출'을 늘 플러스로 만드는 사고

돈을 끌어당기는 사람이 되려면 일하는 방식을 고칠 필요도 있습니다.

돈에 강한 사람들에게 '수입 - 지출'의 숫자를 플러스로 만드는 건 기본입니다. 플러스가 된 숫자를 어떻게 더 높이느냐가 그 다음 과제이지요. 그에 따라 자유롭게 살아갈 수 있는 돈의 증가폭도 커지기 때문입니다.

'수입 - 지출'의 액수를 키우는 방법으로 수입 늘리기, 절약하기, 부수입 벌어들이기보다 훨씬 중요하게 여겨야 할 것이 있습니다.

바로 '오랫동안 계속하고 싶은' 일을 시작하는 것입니다. 싫어하는 일을 그대로 하면서도 수입을 늘리거나 절약해서, 또는 부수입을 얻어서 일시적으로 돈이 더 생길 수 있겠지요. 그러나 지속력이 없으면 결국은 원래대로 돌아갈 겁니다.

돈을 부르는 사람이 되기 위해서는 하고 싶은 일을 해서 '수입 - 지출'의 액수를 늘 플러스로 유지해야 합니다. 이것이 나중에도 계속 돈에 대해 불안해하지 않는 비결이기도 합니다.

그럼 실제로 어떤 식으로 일해야 '수입 - 지출'의 액수를 플러스로 유지할 수 있을까요?

이제부터 돈을 끌어당기는 사람들은 어떻게 일해서 '수입 - 지출'의 액수를 늘 플러스로 유지하는지 설명하겠습니다.

언제나 플러스 자산을 만드는 일하기 비결

●

내가 가진 '일에 대한 믿음'부터 재점검하자

●

돈을 끌어당기는 사람들은 '수입 - 지출'의 액수가 플러스인 상태를 늘 안정적으로 유지합니다. 직장 또는 하는 일이 바뀌어도 '수입 - 지출'의 액수를 플러스로 유지하는 법을 알기 때문에, 미래를 생각할 때도 돈에 관한 불안이 없습니다.

그들은 어떻게 일하기에 '수입 - 지출'의 액수가 언제나 플러스가 될까요?

사실 답은 매우 단순합니다. 돈을 끌어당기는 사람들은 좋아하는 일을 합니다. 그들은 오랫동안 계속하고 싶은 자신이 즐길 수 있는 일을 합니다.

'즐거워!', '행복해!'라고 느끼는 일에 투자할 시간을 늘리고, 그 시간 동안에 돈을 만들어내는 것이 돈을 끌어당기는 사람들이 일하는 방식입니다.

우리가 건강을 유지하면서 오랫동안 일하려면 무엇보다 하고 싶은 일, 하고 있으면 즐거운 일을 찾아야겠지요. 즐기면서 일할 수 있는, 좋아하는 일을 하는 것은 경제적으로나 건강 측면에서 볼 때도 대단히 중요합니다.

그렇다면 어떻게 돈을 끌어당기는 사람들처럼 즐기면서 일할 수 있을까요?

이건 '운이나 타이밍, 연줄이 있느냐, 없느냐'와는 전혀 무관한 이야기입니다. 직무능력이 좋아서나 상사에게 잘 아첨해서, 같은 본인의 노력과도 크게 상관이 없지요.

그저 단 하나, 돈을 끌어당기는 사람들처럼 일하려면 '일에 대한 믿음을 재점검'하면 됩니다.

돈을 끌어당기는 사람들은 돈에 강한 믿음을 가지고 있습니다. 즉 각자 '돈에 대한 믿음'을 가지고 살듯이 '일에 대한 믿음'도 있다는 말이지요.

일하는 방식에도 돈에 대한 믿음이 영향을 미친다

·

돈은 땀 흘려 일해 버는 것일까, 돈이 돈을 버는 것일까

·

과거와 달리 요즘은 좋아하는 일을 선택하는 사람들이 많지만, 전체적으로 보면 아직 소수입니다. 왜냐하면 일이나 일하는 방식에도 돈에 대한 믿음이 영향을 미치기 때문입니다.

돈은 일해서 버는 것입니다. 돈과 일은 직결되어 있지요. 돈에 대한 믿음이 있듯이 돈을 버는 일에 대한 믿음도 있는데, 크게 다음 두 종류의 사고방식으로 나눌 수 있습니다.

Ⓐ **돈은 땀 흘려 일해 버는 것**

Ⓑ **돈은 돈이 버는 것**

당신은 어느 쪽의 믿음이 행복하다고 생각하시나요?

A와 B는 각기 기술자와 자산가의 믿음을 나타내는 설명입니다.

'자신이 움직여야 돈을 벌 수 있다면 그것은 돈의 노예다. 돈이 돈을 벌도록 시켜야 돈에서 자유로워질 수 있다.'고 나와 있는 책도 있습니다. 그래서 B의 믿음이 A의 믿음보다 좋다는 느낌을 받을지도 모르겠습니다.

그런데 이는 일하는 자체가 자유를 잃는 것이라는 믿음을 가진 사람들에게는 맞지만, 일하는 것을 즐겁게 여기는 사람들에게는 전혀 맞지 않습니다.

야구의 류현진 선수와 축구의 손흥민 선수가 이런 제안을 받았다고 합시다. "당신 대신 당신과 같은 능력을 가진 로봇을 경기에 투입하려고 합니다. 연봉은 그대로 지급하겠어요." 그러면 그들이 '얼씨구나 좋다!' 하고 동의할까요?

아마 거절할 겁니다. 경기를 뛰는 즐거움을 빼앗기기 때문이지요. 경제적 자유와 행복이 반드시 양립하지는 않는다는 말입니다.

　'돈은 땀 흘려 일해 버는 것 × 일은 즐거운 것'이라는 믿음을
가진 기술자는 매일 즐겁게 일합니다. 고객의 까다로운 주문
을 받고 더 힘이 난다는 사람도 있을 정도지요.

　'드디어 내 솜씨를 발휘할 때가 왔구나!'

　하지만 '돈은 땀 흘려 일해 버는 것 × 일은 고통'이라는 믿음
을 가진 사람에게 일은 강제 노동입니다. 하루라도 빨리 이 지
옥에서 벗어나고 싶다는 생각을 하지 않을까요?

●

당신의 가치는 스스로 생각하는 것 이상이다

●

'돈은 돈이 버는 것'이라는 믿음에 관해서도 마찬가지 설명을
할 수 있습니다.

　'돈은 돈이 버는 것 × 일은 즐거운 것'이라고 믿는 자산가는
행복합니다. 하지만 '돈은 돈이 버는 것 × 일은 지루한 것'이라
는 믿음을 가지면 인생이 지독하게 지루하게 느껴지겠지요.

　자산가의 자녀들 중에는 이런 믿음을 가진 이가 제법 있습
니다. 그들은 일할 필요가 없습니다. 주식이나 부동산, 특허

등의 자산이 충분한 돈을 벌어 주기 때문이지요. 부럽다고 생각할지도 모르지만, 남아도는 시간을 주체하지 못해 힘거워하기도 한답니다. 약물에 빠지거나 비행을 일삼는 재벌 2세들에 대한 기사를 본 적이 있을 거예요.

이번에는 이런 생각을 해봅시다. 생활하는 데 충분한 돈이 있어서 지금 하는 일을 그만둔다고 합시다. 당신은 매일 여덟 시간 동안 하고 싶은 일이 있습니까? 그리고 그 일을 10년쯤 즐겁게 계속할 수 있나요?

답이 떠오르지 않는다면 돈에 약한 믿음 탓입니다. 당신은 그저 눈앞의 일에서 해방되고 싶다는 생각으로, 지루한 시간을 견뎌내고 그 대가로 돈을 받는 생활을 하는 중일 수 있습니다. 그 와중에 투자까지 시작하면, 업무 중에 주가에 신경 쓰느라 인사 평가를 스스로 깎아먹기도 하겠지요.

지금은 저금리 시대입니다. 1억 원을 정기예금에 넣어도 이율이 2%. 1년이면 이자 떼고 200만 원도 안 됩니다. 그런데 시급 1만 원에 하루 여덟 시간, 20일을 일하면 160만 원을 받습니다. 1년이면 1,920만 원이지요. 투자라는 관점에서 보면 당신은 1억 원을 예금에 넣는 것보다 열 배쯤 되는 가치가 있습니다.

돈을 끌어당기는 사람은 자신의 가치를 알고 있습니다. 그리고 인생의 질을 높이는 데에 돈과 시간을 씁니다. 그래서 그들은 좋아하는 일을 선택합니다.

 •

일에 대한 믿음은 '부모님의 일하는 방식'에서 생긴다

 •

그런데 지금 당신이 가진 일에 대한 믿음은 어떻게 형성된 걸까요?

사실 일에 대한 믿음도 대부분 돈에 대한 믿음과 마찬가지로 부모님의 일하는 방식에 영향을 받습니다. 부모님이 즐겁게 일하는 모습을 본 사람들은 '일은 즐거운 것', 그렇지 않은 사람은 '일은 힘든 것'이라는 생각이 무의식중에 자리 잡기 쉽습니다.

자식에게 부모님의 사고방식이나 행동은 모든 면에서 기준이 되지요.

일하는 부모님을 멋있다고 생각하면 '나도 열심히 일해야지!' 하는 생각을 하며 자랍니다. 전업주부인 어머니가 아버지 말에 꼼짝 못하고 자유도 없이 산다면, 이런 결심을 하겠지요.

'엄마처럼 살고 싶지 않아!'

'절대로 전업주부는 되지 말아야지!'

자식들은 부모님의 사고와 행동을 본보기로 삼거나 반면교사로 삼습니다. 부모님의 삶에 공감하면 부모와 같은 길을 걸을 목표를 세울 것이고, 부모님의 삶에 의문을 품는다면 그와는 다른 길을 선택하겠지요. 돈에 대한 믿음이나 일에 대한 믿음이나 다 마찬가지입니다.

•

부모님처럼 또는 그와 반대로 일하게 된다

•

참고로 저희(기타바타) 부모님은 공무원이었습니다. 부모님의 일은 힘들어 보였지만, 당시에는 병석에 누워 계신 할머니의 간병 비용이 필요했습니다. 안정적인 수입을 보장해주는 공무원이라는 직업에 부모님은 감사했지요.

"안정이 최고다!"

부모님은 늘 그렇게 말씀하셨고, '일은 곧 안정'이라는 생각이 저의 일에 대한 믿음이 되었습니다.

변화가 일어난 것은 사춘기 때였습니다. 그때는 변화무쌍하고 자극적인 시간이 즐겁다고 느껴져서, 이른바 '안정적인 나날'은 어제가 오늘 같고 오늘이 어제 같은 '지루한 매일'이라고 인식했습니다.

그 안정적이지만 지루한 일상을 떠받치는 것이 바로 안정적인 수입을 얻는 공무원이라는 생각이 들자 직업에 관해 이런 가치관을 품게 됐습니다.

'지루한 인생은 싫다!'

직업의 현실에 관해 알지도 못하면서 부모님에게 심한 말, 터무니없는 소리를 늘어놓았던 그때의 제가 몹시 부끄럽습니다.

어쨌든 지루한 인생이 싫었던 저는 네 번이나 이직을 했습니다. 첫 번째는 법률사무소, 두 번째는 IT 벤처기업, 세 번째는 IT 대기업, 네 번째는 심리학 세미나 회사였습니다.

첫 직장이었던 법률사무소는 가족적인 분위기로, 훌륭한 직장이었습니다. 하지만 안정적인 일상이 싫었던 저는 1년 만에 그곳을 뛰쳐나왔습니다.

두 번째 직장인 IT 벤처기업은 연일 계속되는 격무로 늘 막차 시간까지 일해야 했습니다. 그런데 생활은 대단히 자극적이었지요. 당시 배운 내용을 지금도 잘 써먹고 있습니다.

세 번째 직장은 대기업의 특성상 맡은 일을 단순 반복해야 해서 2년 반 만에 그만두었습니다.

네 번째 직장에서는 배우는 모든 것이 새로웠고, 강사 일을 할 때마다 감동과 발견, 성장하고 있음을 느낄 수 있었습니다. 얼마나 즐거웠는지 9년이나 다녔지요.

이렇게 적고 보니 저의 선택 기준은 '변화가 있는지 여부'였습니다. 안정을 최우선시했던 부모님과는 정반대로 일하는 방식이었던 것입니다.

부모님이라는 존재는 지금 당신이 일하는 방식뿐 아니라, 돈 버는 법, 쓰는 법, 타인과 관계 맺는 법, 파트너십 맺기 등 모든 측면에 영향을 미칩니다. 그것이 지금의 당신을 행복하게 만들어준다면 아무런 문제가 없습니다. 그러나 만약 현재의 일상에 의문과 불만이 생긴다면 부모님의 영향을 받은 당신의 믿음을 재점검해야 할 때가 아닐까요?

●

일에 대한 믿음을 바꾸면 수입은 늘어난다

●

돈에 끌려다니는 사람은 일이 고통스럽고 지루하다는 믿음을 가지고 삽니다.

원래 일에는 '강제노동'이라는 측면이 있기 때문입니다. 지금은 선진국 대열에 올랐지만, 우리가 먹고살 만해진 지는 얼마 되지 않았습니다. 그전에는 먹고사는 게 전부였으니 대부분은 싫은 일이라도 참고 노력해 생계를 해결했습니다. 살기 위해 '꼭 해야 하는 것'이 일이었던 셈입니다. 그것은 오랫동안 사람들을 지배한 믿음이지요.

그러나 만약 당신이 지금 일하는 데 그러한 불만을 느끼고 있다면, 지금 가진 믿음을 버리고 새로운 믿음으로 바꿀 순간이 왔다고 생각하십시오.

과거의 경험을 통해 '할 수 있다, 할 수 없다.'는 가능성을 판단한다면 우리는 할 수 있는 것을 고르고, 할 수 없는 것을 피하려 들겠지요. 할 수 있다고 이미 알고 있는 일만 한다면 재미가 없습니다. 일이 지루하다, 재미없다, 고통스럽다고 느끼는 이유가 바로 거기에 있습니다.

돈에 끌려다니는 사람들의 믿음은 이런 식으로 형성됩니다.

일은 지루하다. → 일이 지루하니까 일하는 시간도 지루하다. → 지루한 업무 시간이 돈으로 환산된다. → 돈은 지루한 일을 참아낸 대가다.

한편 돈을 끌어당기는 사람들의 믿음은 이렇게 형성되지요.

일은 즐겁다. or 일은 이리저리 궁리해서 즐기는 것이다. → 업무 시간을 즐겁게 보냄으로써 매일이 알차다. → 즐거운 업무 시간이 돈으로 환산된 다. → 즐겁게 일해서 돈을 얻을 수 있다니 더할 나위 없이 좋다.

일에 대한 믿음이 변하면 업무에 대한 의욕이 상승해 성과 도 좋아집니다. 그럼 주위의 평가도 후해지고 기회도 늘어나 수입도 늘게 되지요.

돈을 끌어당기는 사람은 시간의 질을 올리는 사람입니다. 업무 시간의 질을 높여 보십시오. 수입도 덩달아 늘어날 것입 니다.

돈이 아니라 가치를 교환하기 위해 일한다

좋아하는 일을 하는 내가 돈보다 소중하다

'돈은 원하는 것과 교환하기 위한 도구'라는 이야기를 3장에서 했습니다. 돈을 끌어당기는 사람들은 '돈은 자신이 추구하는 바와 교환하는 힘을 가진 도구일 뿐 그 이상은 아니며, 따라서 돈보다는 좋아하는 것을 하는 나 자신이 중요하다.'고 생각한다고 설명했지요.

그럼 돈을 끌어당기는 사람에게 일이란 무엇일까요?

그들은 일을 '자신과 상대가 가치를 교환하는 행위'라고

생각합니다. 당신은 '상대가 원하는 것'을 제공하고, 상대
는 '당신이 원하는 것'을 제공해 맞바꾸지요. 상대에게 얻
을 수 있는 것 또는 상대가 자신에게 해주기를 바라는 행위
가 만족스러우면, 서로가 행복합니다. 이것이 일의 본질입
니다.

일을 '자신과 상대가 가치를 교환하는 행위'라고 생각하면,
돈에 끌려다니는 사람이 '일은 고통스럽고 지루하다.'고 느끼
는 이유도 확실하게 이해할 수 있습니다.

그것은 '교환'이 제대로 일어나지 않기 때문입니다. 즉, 아래
두 가지 상황을 말합니다.

❶ 지식이나 기능, 또는 자신감이 부족한 탓에 '내게는 교환할 수 있고 가
치 있는 무언가가 없어.'라고 생각한다.

❷ 성과를 내도 평가가 그리 좋지 않다. 좋은 상품인데 가격이 깎인다. '나
는 가치 있는 걸 제공했는데 상대에게서 돌아오는 건 가치 있는 것이
아니야.'라고 생각한다.

1번 '나는 가치가 없어.'는 돈에 약한 믿음의 영향을 많이 받
은 사람입니다.

2번은 어떻습니까? 사실은 2번도 마찬가지입니다. 상대에게서 돌아온 것이 가치 있는 것이 아니라는 평가는 교환이 제대로 이루어지지 않았다는 이야기지요. 다시 말해 '내 가치를 상대가 제대로 평가해주지 않았다.'는 말입니다.

그리고 1번과 2번은 모두 '사실 나 자신을 더 소중히 여기고 싶었는데…….'라는 감정이 숨어 있습니다. 그러했기 때문에 '소중하게 대접하지 못한 자신'에 대해 납득하지 못하고 '이게 아닌데…….' 하며 개운하지 못한 감정이 남은 것이지요.

이런 경험이 지속되면 '나를 높이 평가해 주는 사람은 없다.'는 생각이 쌓이고, 그것이 곧 '나는 가치가 없는 사람일까?' 하는 불안감으로 바뀌게 됩니다.

하지만 당장 교환이 제대로 이루어지지 않았을 뿐, 괜찮습니다.

당신의 가치를 인정하는 상대와 당신이 원하는 것을 교환하면 서로 만족스럽게 일할 수 있기 때문입니다.

기회를 잡는 사람은 이렇게 생각한다

•

당신의 가치를 이해시키기 위해 할 일은?

•

비즈니스 측면에서 보면, 앞서 언급한 두 가지 상황은 '교환 능력이 낮은 경우'입니다. 수입이 낮은 이유는 돈과 교환할 만큼의 가치를 상대가 느끼지 않기 때문이지요.

여기서 주의할 점은 '느끼지 않는다.'는 점입니다. 당신의 재능이나 능력 여부와 상관없이 상대가 가치를 느낄 수 없다면 교환은 일어나지 않습니다.

그러니까 당신이 일에 관한 뛰어난 재능과 능력을 갖추고 있는지, 감각이 살아 있는지 여부만 봐서는 안 됩니다. 설령 당신에게 뛰어난 기량과 감각이 있다고 해도, 상대가 거기에 가치가 있다고 느끼지 않는다면 아무런 의미가 없다는 말입니다.

따라서 상대가 당신의 가치를 느끼는지 여부가 핵심입니다. '이 사람은 내게 가치 있는 사람이다.'라고 생각해주는 사람을 만나는지가 중요하지요.

•

기회를 잡는 사람의 심리

•

도쿠시마현 가미카츠초는 인구가 2,000명 밖에 안 되는 산속의 작은 마을입니다. 이곳에는 연간 수입이 5,000만 원이 넘는 할머니가 여럿 있습니다. 그중에는 1억 원이 넘는 분도 있고요.

이 할머니들은 어떻게 큰돈을 벌고 있을까요?

놀랍게도 그들은 나뭇잎을 채취합니다. 고급 음식점이나 초밥집에서 쓰는 요리 장식용 나뭇잎 말입니다.

처음에는 아무도 흔하게 나뒹구는 낙엽이 돈이 된다는 이야기를 믿지 않았습니다. 그런데 그 마을에 부임한 농협의 한 영농지도원이 아이디어를 냈고, 할머니들이 낙엽을 채취하겠다고 나섰습니다.

지금은 이 마을을 대표하는 사업으로 발돋움했지요.

요리에 나뭇가지나 나뭇잎 장식을 하지 않는 사람이 본다면, 낙엽은 쓰레기나 다름없습니다. 공짜로 준다고 해도 손을 내젓겠지요. 하지만 고급 음식점이나 초밥집에서는 요리를 돋보이게 하는 아주 중요한 재료입니다.

이렇게 가치의 교환은 우리 일상의 다양한 순간에서 일어납니다. 자신의 가치를 알고 상대의 니즈를 알 때 비로소 교환이 성립되지요. 그래서 올바른 판단이 필요한 겁니다.

당신의 교환 능력을 키우고 싶다면 우선 다음 두 가지를 알아야 합니다.

- **자신의 가치**
- **자신의 가치를 필요로 하는 사람**

'나에게는 가치가 있다.'

'굳이 나를 희생하지 않아도 이대로 가치를 인정받을 수 있다.'

'마음에 들지 않는 일을 억지로 하지 않아도 내게 어울리는

일을 찾을 수 있을 것이다.'

'나와 무언가를 교환하고 싶은 사람이 있을 것이다.'

이런 믿음을 가져야 합니다.

스스로 자신이 가치 있는 사람이라고 분명하게 믿고, 상대가 바라는 바와 연결해서 정당한 가치와 맞바꾸기. 그것이 돈을 끌어당기는 사람이 자신의 가치를 높이는 방법이며, 기회를 잡는 사람의 심리입니다.

자기 가치를 알면 불안이 사라진다

●

자격증 취득에 열 올리기 전에 생각해야 할 일

●

돈을 끌어당기는 사람은 일하는 방식을 이렇게 생각합니다. 내가 가진 것 중 가장 가치 있는 것을 제공하고, 상대에게 얻고 싶은 것을 연결해 맞바꾼다. 그러려면 나의 가치를 알고 상대의 니즈를 알아야 하지요. 이것이 교환을 잘하는 비결이라고 할 수 있습니다.

　그럼 어떻게 이처럼 이상적으로 일할 수 있을까요?

　답은 간단합니다. 당신이 가진 것 중 가장 가치 있는 것을 알아차려야 합니다. 그리고 그것을 더 가치 있는 것으로 갈고닦으면 됩니다.

단, 당신이 가진 것 중에서 가장 가치 있는 것은 특별한 자격이나 기능이 아니라는 점을 기억하시기 바랍니다.

물론 따기 어려운 자격증이나 다른 사람보다 뛰어난 기능을 가진 것이 당신의 강점이라면 부인하지 않겠습니다. 그러나 당신이 가진 것 중 가치가 가장 높은 것은 '당신 자신'입니다.

당신 자신이 가치라는 말입니다. 그런 당신에게 자격이나 재능이 있으면 더욱 큰 가치를 갖추게 되겠지요.

돈에 끌려다니는 사람들은 '내게는 가치가 없다.'는 믿음이 있다는 이야기를 앞에서 했습니다.

그들은 나에게는 가치가 없다는 비뚤어진 생각을 자주 합니다. 남들이 가치 있다고 여기는 자격이나 기능, 지식 같은 것을 익혀서 자신의 가치를 조금이라도 높이려고 애쓰지요.

그런데 '내게는 가치가 없으니 이런 노력을 해서라도 가치를 올리겠어!'라는 생각은 돈에 약한 믿음에 휘둘린 결과입니다. 마치 MBA라는 타이틀에 현혹되어 행복을 놓친 핫도그 가게 사장처럼 말입니다.

당신은 반드시 대단한 자격이나 기능이 아니라 당신 자신에 주목해야 합니다.

그렇기 때문에 '내게는 가치가 없으니 이런 노력을 해서라도 가치를 올리겠어!'라는 생각을 할 것이 아니라 '가치는 나에게 있고, 이런 나에게 몇 가지가 더해지면 가치는 더 올라가겠구나.'라는 믿음을 가져야 합니다.

매우 작은 차이라고 느끼겠지만, 돈을 끌어당기는 사람은 '일단 자신에게 가치가 있고, 그것을 보강하기 위해 부가가치를 붙인다.'는 식으로 생각합니다. 그래서 일을 하면서 자신의 가치를 높이고, 돈에 대한 불안도 없애 나갑니다.

지금 당장은 생각을 바꾸기 어려울 수 있겠지요. 그게 바로 일과 자신에 대한 잘못된 믿음의 소행입니다.

비록 그렇더라도 이것만은 기억해 두세요. 현재 당신의 수입과 평가가 낮다는 이야기는 당신이 아직 자신의 가치를 깨닫지 못했다는 뜻입니다. 다시 말해 앞으로 발전할 여지가 있다는 증거라는 말이에요. 지금부터 자신의 가치를 알고 빛나도록 가꾸면 됩니다.

자신의 재능을 발견해 살리세요.

이제부터는 자신의 가치를 알고 수입을 늘리기 위한 강점 발견법, 활용법을 살펴보겠습니다.

감정을 읽으면 잠재능력을 살릴 수 있다

．

재능이 없는 게 아니라 깨닫지 못한 거다

．

"내게는 남보다 뛰어난 재능이 없어."

"내게 재능이 있었다면 지금과는 다른 화려한 삶을 살았겠지."

이처럼 돈에 끌려다니는 사람은 자신의 가치를 과소평가합니다.

그런데 이런 생각은 돈에 약한 믿음 탓입니다. 나보다 돈이 더 가치 있다는 믿음을 갖고 있으면 자신에게 재능이 있다고 생각하기 어렵습니다.

재능은 이 세상 모두가 갖고 있습니다. 다만 자기 안에 있는 재능을 발견하고 활용하는 법을 아직 깨닫지 못한 사람이 있을 뿐이지요.

"당신은 재능이 있다고 생각하십니까?"

강연이나 세미나에서 참석자에게 이 질문을 던져보면 "예."라고 대답하는 사람은 거의 없습니다. 우수한 인재들도 '업무상의 기능은 많이 갖추었지만, 이렇다 할 강점이 없어서…….'라는 고민을 많이 이야기합니다.

일본 최고의 명문 대학인 도쿄대학 재학생에게 강점 발견법을 강의한 적이 있는데, '자신에게는 재능이 없다고 생각한다.'고 답한 학생도 많았습니다.

그래서 '그럼 재능 있는 사람 하면 누가 떠오르느냐?'고 묻자 유명인의 이름을 대기 시작하더군요.

야구의 류현진 선수, 축구의 손흥민 선수, 피겨스케이팅의 김연아 선수, 영화계의 거장 봉준호 감독, 박찬욱 감독, 가수로는 레이디 가가와 박정현, 경영자는 정태영 현대카드 부회장, 손정의 소프트뱅크 사장과 같은 유명인 말이지요.

아무래도 가수나 영화감독, 배우, 경영자 같은 직업은 '재능 있는 사람이 하는 일'이라고 생각하는 것 같았습니다.

하지만 원래 재능이란 특정 직업에 종사할 권리나 특수한 능력이 아닙니다. 재능은 능력 있는 엘리트 사원만이 아니라 누구에게나 있지요. '나는 재능이 없어서……'라는 생각은 그저 편견이며 잘못된 믿음에 사로잡혀서 나오는 얘기일 뿐입니다.

잘못된 믿음 때문에 많은 사람이 자신의 강점을 깨닫지 못한 채 일합니다. 그래서 돈에서도, 일에서도 만족스럽지 못하게 살다가 생을 마무리하지요. 이 얼마나 아까운 일입니까?

●

재능을 만드는 건 '진한' 감정이다

●

'재능은 타고나는 것', '재능은 유전되는 것'이라고 굳게 믿는 사람이 의외로 많습니다.

태어나면서 이미 재능의 유무가 정해지고, 자신의 힘으로는 바꿀 수 없다는 것이 돈에 끌려다니는 사람들이 가진 '재능에 대한 믿음'이지요.

재능은 누구에게나 있습니다. 만약 '내게는 재능이 없다.'고 느낀다면 그건 아직 재능을 발견하는 법이나 활용하는 법을 모르기 때문입니다.

저는 한때 전 세계 천재들의 재능을 분석한 적이 있는데, 그때 얻은 답이 '재능이란 감정을 행동으로 옮겨 결과를 빚어내는 능력'이라는 사실이었습니다.

감정이 재능으로 바뀐다는 이야기지요. 이 답이 틀리지 않았다면, 우리 모두가 감정을 지녔으니 '모든 이는 재능을 가졌다.'고 봐야 합니다.

●

긍정적인 감정에서 강점을 찾은 '있는 사람'

●

재능을 만들어내는 에너지는 두 종류가 있습니다. 긍정적인 감정에서 만들어진 에너지와 부정적인 감정에서 만들어진 에너지가 그것이지요.

가령 긍정적인 감정을 강점으로 꽃피운 사람으로는 일본을 대표하는 디자이너인 코시노 삼 남매를 키운 패션 디자이너 코시노 아야코(1913~2006. 제2차 세계대전 후 서구적인 디자인을 선보이며 명성을 얻은 일본 패션계의 대모. 세 딸인 히로코, 준코, 미치코 모두 세계적인 디자이너로 활동 중이다. 미치코 런던 등의 브랜드로 잘 알려져 있다.- 역자)를 들 수 있습니다.

포목점을 하던 부친의 영향으로 옷을 가까이하기 시작한 그녀는 바늘과 가위를 잘 쓰면 여성이 얼마나 아름답게 보이는지를 깨닫고 패션 디자이너의 길로 들어섰습니다.

또, 피겨 스케이터인 김연아 선수는 어릴 때 스케이트를 접한 뒤 빠져들면서 직업으로 연결시킨 경우입니다. 두 사람 모두 재능을 꽃피우는 데 긍정적인 감정을 에너지로 활용한 사람들이지요.

이처럼 긍정적인 감정으로 재능을 발현한 사람은 '있는 사람'입니다.

'있는 사람'은 어릴 때 무언가를 받았거나 접한 뒤 그 안에서 감동이나 기쁨, 즐거움을 추구해갑니다. 그러는 사이에 그 기능이 향상되어 재능이 드러납니다. 감동이나 즐거움을 타인에게 나누어 주고 싶어서 그 방법을 찾다가 시행착오를 거치며 재능이 다듬어지기도 합니다.

코시노 아야코 씨는 어릴 때부터 포목점에서 옷을 만들 기회가 많았습니다. 김연아 선수도 어릴 때 일찍 피겨 스케이트를 접했습니다.

'있는 사람'은 그 감동을 많은 이와 나누고 싶어 하는 경향이 있습니다.

부정적인 감정에서 강점을 꽃피운 '없는 사람'

한편 부정적인 감정에서 재능을 꽃피운 사람도 있습니다. 세계적인 베스트셀러인 《그릿(GRIT)》의 저자이자 펜실베니아 대학 심리학과 교수인 안젤라 더크워스(Angela Duckworth) 씨를 들 수 있습니다.

그녀는 2013년에 미국에서 '천재들의 상'이라 부르는 맥아더상을 수상했으며, 테드(TED) 강연이 1,000만 뷰 이상을 기록하며 일약 유명인으로 떠올랐습니다.

일명 '천재들의 상'을 받았으니 분명 재능이 넘치는 사람일거라고 저는 생각했습니다. 그런데 그녀는 어릴 때 '너는 천재가 아니야.'라는 말을 아버지에게 자주 들었다고 합니다.

이것이 분하고 억울해서 군인부터 운동선수, 기업가, 학자에 이르기까지 뛰어난 사람에 관해 연구하기 시작했습니다.

그 결과 이런 결론을 도출했습니다.

"그들의 성공 비결은 IQ가 아닌 기개, 즉 끝까지 해내는 힘이었습니다."

인생은 타고난 재능보다 열정이나 끈기로 결정될 확률이 높다는 사실을 밝혀냈지요.

그녀의 연구는 1%에 불과한 부유층이 전체 부의 50% 이상을 독점하는 '초격차 사회'인 미국 사회에 파문을 일으켰습니다.

그녀가 어린 시절에 아버지에게 부정적인 메시지를 끊임없이 들으면서 어떤 감정을 느꼈을까요? 아마도 분노와 슬픔, 억울함과 절망감이 쉽게 떠오를 것입니다. 그녀는 이러한 부정적인 감정을 에너지로 삼아 행동을 일으켜서, 잠들어 있던 재능을 꽃피웠습니다.

이처럼 부정적인 감정에서 강점이 드러난 사람은 '없는 사람'입니다.

'없는 사람'은 어린 시절에 무언가를 받지 못한 슬픔과 외로움, 괴로움, 분노 같은 감정을 계기로, 받지 못했던 그것을 얻기 위해 시행착오를 반복하다가 강점이 드러납니다.

더크워스 교수는 부모님에게 부정당한 인정을 받는 데 인생을 건 사람입니다. 현재는 자신의 재능에 눈뜨지 못한 아이들을 지원하고 있습니다.

과거 그녀가 아버지에게 받고 싶었던 것을 교육 현장에서 아이들에게 베풀고 있는 셈이지요. 없는 사람은 받지 못한 것을 얻기 위해 열정을 쏟고, 자신과 마찬가지의 이유로 괴로워하는 사람들을 위해 일하는 경향이 있습니다.

●

진한 감정이 움직이는 요인을 찾자

●

보통 부정적인 감정은 긍정적으로 작용하지 않는다고 말하지만, 재능에 관해서는 그렇지 않습니다. 부정적인 감정도 에너지로 작용합니다. 그 감정 때문에 촉발된 행동을 반복하여 강점이 계발되는 예는 매우 많습니다.

그러므로 감정이 움직이는 요인을 찾아내는 것이 중요합니다.

'내 감정은 어릴 때부터 어떤 것에 움직여왔지?'

이런 질문은 유효합니다. 사람은 진한 감정이 움직였을 때 행동하기 때문이지요. 오래전부터 동일한 대상에 감정이 움직였다면 같은 행동을 계속하고 있을 확률이 높습니다. 그럼 바로 거기에 당신의 재능이 잠들어 있을 가능성이 있습니다.

재능은 감정을 행동으로 옮긴 결과 나타나는 능력입니다.

그 출발이 긍정적인 감정이건 부정적인 감정이건 상관없습니다. 당신을 움직이게 하는 강렬한 감정이 능력을 낳는다는 사실이 중요할 뿐입니다.

●

●

예전에 미용 분야의 한 여성 경영자에게 의뢰를 받아, 그녀의 고객에게 재능 진단을 했습니다. 참가자 중에 아름다운 자매 참가자가 있었는데 둘 다 미용·건강 관련 일을 하고 있었습니다.

두 사람의 감정이 가장 강력하게 움직였던 사건은 고등학교 때 겪은 아버지 회사의 도산이었습니다. 당시 둘은 고급 사립 여학교에 다니고 있었습니다. 아버지 회사가 탄탄했을 때는 경제적으로 여유가 있었기 때문입니다.

그런데 회사가 도산하자 학교를 그만두어야 할 처지가 되었습니다. 만약 당신이 고등학교 때 그런 상황에 처했다면 어떤 기분이 들까요? 정들었던 선생님, 친구들에게 갑자기 이별 소식을 전해야 했으니 그 심정이 짐작되고도 남습니다.

그런데 언니는 다니던 학교를 그만두어야 한다는 이야기를 부모님에게 듣고는 속으로 환호성을 질렀다고 합니다. 우등생만을 좋아하는 학교가 갑갑해서 견딜 수 없었기 때문입니다.

'드디어 자유를 찾는구나!'

이런 생각에 오히려 들떴다고 하지요.

한편 동생은 사람들에게 전학가야 한다는 말을 꺼내기가 죽도록 싫었다고 합니다. 그녀는 친구들과 학교가 좋았기 때문입니다.

'정말이지 너무 싫어!'

두 사람은 지금 미용·건강 분야의 일을 합니다. 이렇게 다른 성향이 두 사람의 일하는 방식에 어떤 영향을 미쳤을까요? 만약 당신이 미용·건강에 관해 상담을 받고 싶다면, 두 사람 중 어느 쪽을 찾아가겠습니까?

아마도 주위 사람의 눈을 덜 신경 쓰고 더 자기답게 자유롭게 살고 싶은 사람은 언니를 찾아가겠지요? 반대로 정통파 미인처럼 가꾸고 싶은 사람은 동생에게 상담하러 갈 것 같습니다.

미용·건강·패션 쪽 일을 하는 사람들은 외모에 그 사람의 가치관이 드러나는 법이지요. 실제로 두 사람 주위에 모이는 고객들은 위의 예측처럼 양분되어 있었습니다.

나는 어떤 사람과 더 잘 공감할 수 있을까?

같은 일을 경험해도 각자 다르게 받아들이는 이유는 각자의 감성이 다르기 때문입니다. 바로 이 차이가 개성이고, 강점으로 변하지요. 그래서 이 자매를 찾아오는 고객, 다시 말해 공감해주는 고객도 그 차이에 맞게 정해집니다.

앞에서 교환을 잘하는 비결은 '자신의 가치를 필요로 하는 사람이 누구인지 아는 것'이라고 설명했지요? 자신의 재능을 잘 살리려면 당신이 어떤 사람과 공감할 수 있는지를 알아야 합니다.

두 사람은 재능 분석을 받기 전까지 자신의 재능뿐 아니라 왜 그런 고객들만 자신들에게 모이는지 자각하지 못했습니다. 그래도 자신의 재능을 활용해서 팬들에 둘러싸여 있었지만요.

그렇다면 이 자매가 자신의 강점을 의식적으로 살린다면 어떻게 될까요? 지금보다 공감하는 고객이 늘어날 테니 더욱 즐기면서 일하고, 수입도 더 늘릴 수 있지 않을까요?

재능을 살리면 그런 결과가 따라옵니다. 가치관이 맞는 사람과 질 높은 시간을 보내니 수입이 더욱 높아질 수밖에요.

좋아하는 일을 하면 성공한다? 진실과 거짓

'좋아하는 일을 시작했는데 불안해요.'

돈을 끌어당기는 사람은 좋아하는 일을 합니다. '좋아하는 일을 직업으로 삼으면 성공한다.'고 단언하는 여성들도 늘고 있지요. 확실히 '좋아요!' 같은 긍정적인 감정은 에너지를 샘솟게 해서 지속적으로 어떤 행동을 하게 합니다. 그 결과로 재능이 활짝 꽃피게 되겠지요.

한편 이런 고민도 자주 듣습니다.

"좋아하는 일을 하고 싶어서 회사를 그만두고 독립했는데, 전혀 수주를 못하고 있어요."

"좋아하는 일이라 시작했는데 개업하자마자 모아둔 돈이 바닥나서 불안해요."

"좋아하는 일을 직업으로 삼았는데 능력도 뽐내고, 일도 잘 풀려야 맞는 거 아니에요? 그런데 어째서 이런 안 좋은 일이 일어나는 걸까요?"

이런 문제는 '좋아하는 일'이라는 말 중에 좋아한다는 부분이 모호했기 때문에 일어납니다.

감정을 행동으로 옮기면 재능이 꽃핀다고 할 때, 그 재능을 살릴 수 있는 일을 발견한 사람은 좋아하는 일을 직업으로 연결하는 데 성공한 사람입니다.

하지만 똑같이 감정을 행동으로 옮기더라도 재능을 꽃피우지 못하고, 직업인으로서 성공하지 못하는 사람도 있습니다. 재능이 꽃피는 사람과 그렇지 못한 사람의 차이는 무엇일까요? 바로 '감정의 강도와 깊이'가 다르기 때문입니다.

●

먼저 감정이 크게 움직이는 일을 찾자

●

예를 들어 완벽한 미모와 스타일을 겸비한 모델을 동경하는 사람이 있다고 합시다.

'나도 저런 모델이 되고 싶어!'

만약 진심으로 모델이 되고 싶다면 식사 조절과 체중 관리, 고된 운동과 미용 등 세심한 부분까지 일상생활을 관리해야 합니다.

그런데 현실에 직면하면 그렇게까지 하기 어렵다며 뒷걸음 질 치는 경우도 있습니다. 이것은 모델이 되고 싶다는 감정의 강도와 깊이가 모자라기 때문입니다. 감정이 약하고 얕았기 때문에 행동도 지속할 수 없는 것입니다.

약한 감정, 얕은 감정은 어떤 계기를 만나면 일시적으로 강한 감정이 될 수 있지만, 금방 열기가 식는 특징이 있습니다. 그래서는 지속성을 얻을 수 없겠지요. 줄곧 계속되는 열정을 에너지원으로 삼아 행동해야만 재능도 만개할 수 있습니다.

물론 감정이 약하거나 얕다고 해서 자신에게 재능이 없다고 낙담할 필요는 없습니다. 왜냐하면 당신은 지속하지 못했던 그 일에 재능이 없었을 뿐입니다. 재능을 발휘할 수 있는 다른 분야가 분명히 있을 거예요. 오래 지속하지 못했다고 애석하게 여기지 마세요. 더 강렬하게 감정이 움직이는 일을 찾으면 되니까 말입니다.

좋아하는 일로 성공을 거두는 사람을 둘러보세요. 그들은 누구 하나 자신을 거들떠보지 않는다 해도 그 일을 지속할 것입니다. 그만큼 진심으로 좋아하는 일을 직업으로 삼았기 때문입니다. 행동하지 않고는 못 배길 만큼, 좋아하는 감정을 주체하지 못하는 사람. 그런 사람이 자신의 강점을 발견하고 돈을 끌어당깁니다.

재능을 꽃피우는 비결, 돈을 불리는 비결, 행복도를 올리는 비결은 모두 지속력인 셈이지요.

자기 재능의 수준을 알고 단계별로 접근하자

●

재능의 수준에 따라 살리는 방법이 다르다

●

재능의 수준은 다음과 같이 셋으로 나눌 수 있습니다.

- 감정 수준
- 행동 수준
- 능력 수준

우선 지금 자신이 어떤 수준에 재능이 머물러 있고, 당장 무엇이 필요한지를 알아봅시다.

1단계: '감정 수준'의 재능을 가진 사람

감정 수준의 재능이란 마음속에서 '하고 싶다.'는 생각만 하고 있는 상태입니다. 남들은 아무도 그러한 사실을 모르지요.

감정을 행동으로 옮기지 않는다는 것은 좋아하는 일을 아직 직업으로 삼고 있지 않다는 뜻입니다. 당신 자신을 포함해 그 누구도 당신의 재능을 알아차리지 못한 상태입니다. 감정은 눈에 보이지 않기 때문입니다.

개중에는 자신은 하고 싶은 일이 무엇인지 알고 있으나, 주변에 알리지 못해서 혼자 있을 때만 행동으로 옮기는 사람도 있습니다. 그러나 그렇게 해서는 주위 사람들이 당신을 평가해주거나 당신이 필요하다고 느끼지 못하므로 재능을 살릴 기회가 줄어듭니다. 그러면 재능이 있어도 취미로 할 뿐 직업으로 살리지 못하기 때문에 돈벌이로 연결되기 어렵습니다.

재능이 감정 수준에서 정체되어 있는 사람은 '직업은 돈을 벌기 위한 것'이라는 믿음을 가지고 있습니다. 일을 하면서 고통이나 지루함을 느끼는 경향이 강하지요. 재능이 있어도 그 것을 제대로 살리지 못하기 때문에 가치의 교환이라는 관점에서 보면, 업무 시간과 돈을 교환하는 선에서 머물게 됩니다.

일단은 자신이 하고 싶은 일을 행동으로 옮기세요. 그리하여 남들을 기쁘게 하는 것이 지금 단계에서의 과제입니다.

2단계: '행동 수준'의 재능을 가진 사람

행동 수준의 재능은 생각한 바를 행동으로 옮길 수 있습니다. 주변 사람들도 '쟤는 혹시 재능이 있을지 몰라.' 같은 생각을 품기 시작합니다. 행동은 눈으로 볼 수 있기 때문입니다. 그래서 그들이 당신의 의욕을 인정하고, 마음에 들어 할 것입니다.

그러나 상대가 기대하는 만큼 당신에게 재능이 있는지 여부는 별개의 문제입니다. 기대에 미치지 못할 때는 '열심히 하고 사람은 좋은데…….'라는 평가를 받는 정도로 끝나버릴 위험도 있지요.

이 단계의 사람에게 필요한 것은 지금 있는 재능을 갈고닦기 위한 효과적인 훈련입니다. 재능이 꽃필 수 있는 핵심 조건 중 하나는 '강점을 키우는 속도를 얼마나 빠르게 끌어올릴 것인가?' 하는 점입니다. 재능은 빨리 늘수록 남들을 기쁘게 하고, 평가가 높아지며, 수입도 올라갑니다.

그러기 위해서는 당신을 훈련시켜줄 전문가를 찾아내는 일이 무엇보다 중요합니다. 자기 사업을 하고 싶다면, 관심 있는 주제나 익히고 싶은 기능을 가르쳐 줄 강사나 트레이너를 찾아가 연수를 받는 것이 지름길이겠지요.

이때 시간과 돈을 아껴서는 안 된다는 사실을 명심하세요! 돈을 끌어당기는 사람은 시간과 돈을 들여서 올바른 방식으로 자기 투자를 합니다. 길게 볼 때 배움에 돈을 쓰면 비용 대비 효과가 높기 때문입니다. 이들은 돈으로 시간을 절약할 수 있음을 이미 이해한 것입니다.

3단계: '능력 수준'의 재능을 가진 사람

능력 수준의 재능은 어느 정도 결과를 낼 수 있습니다.

'이 사람에게 부탁하면 괜찮은 결과를 기대할 수 있어.'

능력 수준의 재능을 가진 사람은 상대에게 신뢰받습니다. 상대는 당신을 안심하고 일을 맡길 만한 재능 있는 사람으로 생각합니다.

능력 수준의 재능을 가진 사람은 시간에 '재능'이라는 부가가치를 더하면서 일합니다. 이 때문에 시세 이상의 금액으로 자기 시간을 교환할 수 있고, 수입도 높습니다.

참고로 일반적으로 재능이 있다고 널리 알려진 사람은 능력 수준 중에서도 아주 뛰어난 사람이랍니다.

'내게는 재능이 없어.'라는 잘못된 생각으로 자기 재능을 발견할 생각도, 키울 마음도 갖지 못했다면 정말 아쉽습니다. 현재 당신의 재능 수준을 알고 단계별로 키웁시다. 지금 하는 일에서 최대한 빛을 발하려면 강점의 단계를 알고 잘 활용하면 됩니다.

다이어리를 이용하면 강점을 발견하기 쉽다

내 마음은 어떤 일에 움직이는지 파악하자

세미나를 해보면 이런 질문을 하는 사람이 정말 많답니다.

"내게 무슨 재능이 있는지도 모르는데 어떻게 끄집어내지 요?"

이 답을 얻으려면 2장에서 소개한 다이어리 활용법을 떠올 려보세요.

2장에서는 돈을 끌어당기는 사람이 되려면 다이어리의 플 래너에 만족도를 나타내는 이모티콘을 그려 넣어 보라고 했지 요. (125쪽)

당신이 사용한 시간별로 삼색 볼펜으로 다음과 같이 이모티콘을 기입한다는 내용이었습니다.

- 만족도가 높았던 시간 → 빨강으로 스마일 표시 ☺
- 불만족이었을 때 → 파랑으로 찡그림 표시 ☹
- 만족도 불만족도 아니었을 때 → 검정으로 무표정 표시 😐

사실 잠들어 있는 재능을 깨닫는 데 이 방법이 효과적입니다.

다만 이번에는 다이어리가 아니라 노트나 메모지를 이용하고, '시간별이 아니라 과제별로 이모티콘 기입하기'를 해보세요.

그런데 스마일 표시와 찡그림 표시만 쓴다는 데 주의하세요. 여기서는 무표정 표시는 쓰지 않아요.

구체적으로는 다음과 같이 기입합니다.

'납기를 당겨 달라는 요청을 받은 뒤, 현장과 상황을 조정해서 고객의 요청에 맞추는 데 성공함. ☺'

'기획서를 한눈에 들어오게 잘 작성했다고 칭찬받음. ☺'

'친구 축하 모임의 총무를 맡아서 무사히 끝냄. 참석자 모두

좋아해 줬음.☺'

　이렇게 일상의 작은 행동이나 성공한 과제 중에서 인상에 남은 것에 스마일 표시를 합니다. 스마일 표시는 긍정적인 감정으로 마음이 움직였다는 의미지요. 이를 에너지로 삼아 행동으로 옮기면 재능을 꽃피울 확률이 높아질 거예요.

　마찬가지로 다음과 같이 찡그림 표시도 기입합니다.

　'작업 중에 전화가 울려 할 수 없이 받음. 불필요하게 시간을 빼앗기고 작업도 중단됨.☹'

　'다음 회의에서 팀장 자격으로 발표를 하게 됨.☹'

　'아이 학교 참관일에 불참한 사람이 많았음. 교육열이 낮은 부모가 많다고 느낌.☹'

　이렇게 스마일 표시뿐 아니라 찡그림 표시도 하는 이유는 찡그림 표시에도 당신의 감정이 움직였기 때문입니다.

　예를 들어 작업 중에 전화가 울린 사실에 찡그림 표시를 그려 넣었다는 뜻은 작업에 집중하고 싶은 사람이나 작업 과정에 완벽을 추구하며 몰두하고 싶은 성격임을 나타냅니다. 집중력이 있고 완벽함을 추구하는 성향이 강하다는 재능이 숨어 있는 셈이지요.

　팀장 자격으로 발표를 맡은 찡그림 표시가 붙었다는 뜻은

리더십을 발휘하거나 남들 앞에 나서기보다 다른 이를 뒷받침 해주는 참모 역할을 더 잘할 수 있음을 드러냅니다.

마찬가지로 아이 학교 참관일에 불참한 사람이 많다는 데 찡그림 마크를 그려 넣은 사람은 그 자신이 교육열이 높음을 나타냅니다. 학교나 지역의 교육 활동뿐 아니라 남을 지켜보고 키우는 교육 분야에 재능이 있을 가능성이 높겠지요.

●

생산 시간과 소비 시간의 구별에 주의!

●

최근에 겪은 어떤 일에 마음이 크게 움직였나요? 이를 알면 당신의 숨은 성향을 발견할 수 있고, 어떻게 자기 능력을 발휘할 여건을 조성할지, 또 시간은 어떻게 확보할지를 구체적으로 그려볼 수 있습니다.

이것이 바로 당신의 강점을 찾아내는 방법입니다.

당신의 재능을 100% 발휘하면서 일할 수 있도록 시간과 돈을 쓰면, 재능은 점점 커지고 평가도 높아져서 수입에도 반영될 것입니다.

발견한 강점을 활용하면 시간의 질도 높아지고, 수입도 늘어난다는 의미입니다.

●

스마일 표시로 강점을 찾을 수 있다

●

다만 스마일 표시를 그려 넣을 때는 한 가지 주의할 점이 있습니다.

스마일 표시 안에는 생산 시간과 소비 시간이 있습니다.

생산 시간은 당신의 재능이 커지는 시간입니다. 자각하지 못할 수도 있지만, 무언가에 집중하거나 연습하거나 배우는 시간이지요. 소비 시간은 그저 즐기는 오락이나 휴식 시간입니다. 재능이 커진다고 보기는 어렵습니다.

예를 들어 열렬히 응원하는 가수의 콘서트에 갔다고 합시다. 콘서트를 즐기기만 했다면 그 시간은 소비 시간입니다. 시간의 질을 높인다는 의미에서는 좋지만, 재능을 키우는 시간은 아니지요.

이번에는 당신도 가수라고 생각해 봅시다. 어느 인기 가수의 콘서트에서 성공의 비결을 배웠다면, 그 시간은 생산 시간이 되겠지요? 당신이 이벤트 기획 일을 한다면 관객 동원 방식, 관련 상품 판매법, 연출법 등을 배우고 와서 자기 일에 응용할 수 있습니다. 그럼 그 시간은 재능을 키우는 생산 시간이 되었다고 할 수 있지요.

어쨌든 스마일 표시는 생산 시간에만 붙여야 좋습니다. 소비 시간에 붙이고 싶은 스마일 표시는 추억 속에 넣어두고 기입하지는 맙시다.

능력을 살려 일하는 사람들은 감정에 솔직하다

여성을 자유롭게 만드는 재능을 살린 쓰네자와 씨

돈을 끌어당기는 사람은 자신의 재능을 살려 즐기면서 일합니다.

두 여성을 예로 들어 구체적으로 살펴보겠습니다.

㈜컬러즈 대표의 쓰네자와 가호코 씨는 재능을 살려 일하는 여성입니다. 2012년 당시 도쿄증권거래소 마더즈마켓에 상장한 최연소 여성 기업인이자 창업가이지요.

그녀는 어릴 때 가족 중에서 가장 발언권이 적었습니다. 아버지에게는 늘 "그렇게 자유 운운할 거면 자립해."라는 말을 들으며 자랐습니다. 사랑하는 어머니는 전형적인 전업주부였지요.

그녀는 '아내는 늘 남편을 내조하고 무언가 결정을 내릴 때도 반드시 남편에게 물어봐야 해.'라는 당시 사회풍조에 의문을 품고 자랐습니다.

어느 날 쓰네자와 씨는 피아노를 배우고 싶다고 부모님에게 이야기했습니다. 어머니는 정말 좋은 생각이라고 기뻐하면서도 이렇게 말했습니다.

"그래도 일단은 아버지께 물어보자."

아버지에게 이야기를 꺼내니 단번에 이런 소리가 날아왔지요.

"안 돼."

그녀가 이유를 묻자 이해할 수 없는 답변이 돌아왔습니다.

"아빠가 그렇게 정했으니까."

쓰네자와 씨의 집에서는 아버지의 의견이 법이었습니다. 그녀는 자유롭게 살기 위해 이런 가설을 세웠습니다.

'10억만 있으면 여자는 자유로워질 수 있을 거야.'

그때부터 맹렬히 공부에 매달렸고 남녀가 평등한 환경에서 일할 수 있는 인재채용업체 리크루트 사에 취직했습니다. 그리고 인터넷을 활용하면 인생이 더 풍요로워질 거라는 생각에서 인터넷종합서비스 제공 기업인 라쿠텐으로 이직했고, 그다음에는 마케팅 및 미디어 사업에 주력하는 트랜더스를 창업해 상장시켰지요.

쓰네자와 씨는 '나에게는 자유가 없어.'라는 부정적인 감정을 에너지로 삼아 지속적으로 행동했고, 그 결과 재능을 꽃피운 사례입니다.

그녀가 세운 컬러즈는 온라인 베이비시터 파견 서비스를 제공하는 기업입니다. 여성을 육아에서 해방시켜 자유롭게 만들겠다는 목적 아래 세워졌지요. 그래서 일본에 베이비시터 문화를 정착시키는 데, 또 여성이 빛나는 사회를 실현하는 데 도움을 주고 있습니다.

그녀는 자신이 원하던 자유를 손에 넣은 뒤, 자신처럼 자유를 원하는 워킹맘을 위한 서비스를 제공하는 데 매진했습니다. 그녀의 강점은 여성을 자유롭게 만드는 능력입니다. 그야말로 그 재능을 살리면서 일해왔다고 할 수 있지요.

●

자기 감정을 소중히 여기자

●

'여성을 자유롭게 만드는' 재능을 살려 일한 또 한 사람이 있습니다. 패션업계의 그 유명한 코코 샤넬(1883-1971. 20세기 여성 패션의 혁신을 주도한 인물로 답답한 속옷, 화려한 장식에서 여성을 해방시켰다. - 역자)입니다.

그녀는 여성을 코르셋에서 해방시켰고, 남성 취향에 맞춰 굳어진 기존의 패션을 여성 자신이 즐기는 패션으로 바꾸었습니다. 여성이 자유롭게 살 수 있는 세상을 꿈꾸었던 것이지요.

샤넬은 어린 시절, 수도원에 맡겨져 자랐기에 자유가 없는 사람이었습니다. 그녀도 돈이 있으면 자유로워질 수 있다고 생각하며 자립했습니다.

쓰네자와 씨와 샤넬은 서로 생존한 시대와 사회 분위기가 전혀 다릅니다. 그러나 둘 사이에는 공통점이 있습니다. 그것은 '자유를 원한다!'는 뜨거운 감정에서 시작해 자신의 능력을 키웠다는 점입니다.

물론 재능을 살려 활약한 장은 다릅니다. 쓰네자와 씨는 영업, IT, 창업, 베이비시터 파견 서비스였고, 샤넬은 디자인, 패션, 창업이었습니다.

재능을 꽃피우는 비결은 자신의 감정에 솔직하게 따르는 것입니다.

잠자는 재능을 깨워낼 만큼 자신의 감정이 움직였다면, 그 능력이 꽃필 수 있는 방식으로 일하세요. 자신의 재능을 살릴 수 있는 직업 가까이에 가야 합니다.

어떤 업계, 어느 회사에서라도 재능을 살려 일할 수 있습니다. 돈을 끌어당기는 사람은 자신의 감정을 소중하게 여기면서 행동하기 때문에 재능을 살릴 수 있는 직업을 만난다는 사실을 꼭 기억하세요.

부가가치가 높은 사람이 되는 법

•

부가가치를 높이는 3단계 접근

•

지금까지 네 가지 관점(시간을 쓰는 법, 돈을 쓰는 법, 일하는 방식, 가치
와 강점을 살려 일하기)에서 돈을 끌어당기는 사람이 되는 방법을
설명했습니다.

마지막으로 돈을 끌어당기는 사람이 실천하는 '부가가치 높
은 사람이 되는 비결'을 알려드리겠습니다.

돈을 끌어당기는 사람은 이미 부가가치가 높은 사람입니다.
이들의 수입이 많은 이유는 부가가치에 대한 대가가 포함되어

있기 때문이지요. 그에 비해 돈에 끌려다니는 사람은 업무 시간을 그대로 돈과 교환만 하므로 노동의 부가가치가 높지 않습니다.

그럼 어떻게 해야 부가가치가 높은 사람이 될 수 있을까요?

돈을 끌어당기는 사람은 세 단계로 부가가치를 높입니다.

돈에 끌려다니는 사람이 왼쪽에서 온 것을 오른쪽으로 흘려보내기만 할 때, 돈을 끌어당기는 사람은 자기 나름대로 멈춰서서 생각을 하고, 세 단계를 거쳐서 부가가치를 높이지요.

즉, 돈에 끌려다니는 사람들은 시급 1만 원을 받기로 하고 일했으면 당장 1만 원을 돈으로 받습니다.

하지만 돈을 끌어당기는 사람은 똑같이 시급 1만 원을 받고 일했더라도 당장 돈으로 바꾸지 않고 '경험', '지식 및 능력', '신용'이라는 세 단계를 거친 뒤, 마지막에 가서 돈으로 바꿉니다. 그래서 만 원의 몇 배나 되는 돈이 수중에 들어오는 체계를 마련해놓습니다.

세 단계에 관해 하나씩 살펴보겠습니다.

1단계: 경험

돈을 끌어당기는 사람은 일단 '시간'을 '경험'과 교환합니다. 회사원의 경우 '영업사원이 되어 현장 누비기', '기획서나 보고서 작성하기', '상사 보조하기'처럼 사용하는 시간에 의미나 목적을 부여하면서 '직무 능력을 쌓는 경험을 하는데 월급까지 받다니, 야호!' 하며 좋아합니다.

2단계: 지식 및 능력

1단계에서 배운 경험으로 이번에는 지식 및 능력과 교환합니다. 앞서 언급한 예를 그대로 이용하면 '영업사원으로 현장에서 일해 본 결과, 현장에서 일하는 직원의 마음을 이해하게 되었다.', '기획서와 보고서 작성을 맡아 일한 덕에 시간과 노력을 덜 들이면서도 효율적으로 작성할 수 있는 방법을 마스터했다.', '상사 보조를 도맡다 보니 문제 발생을 예측할 수 있게 되었고, 고객에게 좋은 평가를 받는 비결도 배웠다.'처럼 자기 자신뿐 아니라 상대에게도 도움이 되는 '지식과 능력'을 익힙니다.

3단계: 신용

1단계에서 경험을 쌓고, 2단계에서 지식과 능력을 얻음으로써 자신뿐 아니라 상대에게도 이득이 되는 행동을 할 수 있게 되면, 상대에게 '기대에 부응하는 사람'이라는 평가를 받습니다. 이것이 바로 비즈니스에서 가장 중요한 요소인 '신용'이지요.

상대의 평가와 주위의 입소문 등은 신용을 여실히 보여줍니다. 신용이 있으면 직접 나서서 자신을 드러내지 않아도 주위에서 의뢰가 들어옵니다.

이 세 단계가 돈을 끌어당기는 사람들이 부가가치를 높이는 계단식 과정입니다.

가령 원가가 1만 원인 와인을 들여와서 그대로 파는 사람은 돈에 약한 사람입니다. 돈을 끌어당기는 사람은 1만 원에 들여온 포도를 자체 노하우로 숙성시킨 다음, 직접 개척한 판로를 활용하되 지인 등을 통해 홍보해서 4만 원이라는 가격에 판다는 뜻이지요.

돈을 끌어당기는 사람은 시간을 돈으로 당장 교환하지 않습니다. 일단 경험과 교환하고, 이어서 지식·능력과 교환한 뒤, 신용과 교환하지요. 그리고 마지막에 가서야 돈과 교환합니다.

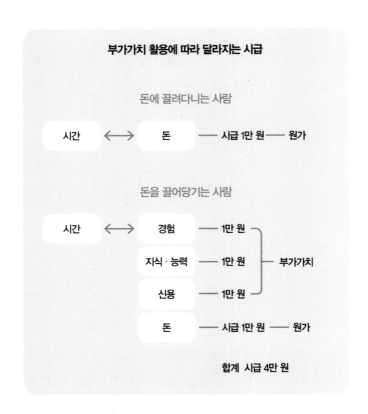

부가가치 활용에 따라 달라지는 시급

돈에 끌려다니는 사람

시간 ⟷ 돈 —— 시급 1만 원 —— 원가

돈을 끌어당기는 사람

시간 ⟷ 경험 —— 1만 원 ⎤
　　　지식·능력 —— 1만 원 ⎬ 부가가치
　　　신용 —— 1만 원 ⎦
　　　돈 —— 시급 1만 원 —— 원가

합계 시급 4만 원

　위의 과정을 알아두면 당신도 부가가치가 높은, 돈을 끌어당기는 사람이 될 수 있습니다.

돈이 따라오는 사람에게는 목표가 있다

돈을 끌어당기는 사람의 두 가지 목표

돈을 끌어당기는 사람에게는 목표가 있습니다. 예컨대 '향후 3년은 이 회사에서 열심히 일하면서 웹마케팅을 마스터하면 이직할 거야.', '5억 원의 저축이 생기면 은퇴할 거야.' 등 커리어 목표를 의식하면서 일합니다.

지금까지 일과 재능에 관해 이야기했는데, 돈을 끌어당기는 사람이 된다는 관점에서 다음의 두 가지 목표를 강조할까 합니다.

❶ 돈을 모아 은퇴하고 유유자적한 생활을 하여 삶의 질을 높인다.

❷ 좋아하는 일에서 재능을 살려 평생 현역으로 일하며 매일 질 높은 삶을 살아간다.

1번은 저축과 금융자산이 목표 금액에 도달한 시점에 현역에서 은퇴하는 삶이고, 2번은 인생을 마무리할 때까지 좋아하는 일을 계속하는 삶입니다.

평생 현역을 염두에 둔다면 몸과 마음이 모두 즐거운 일을 해야 합니다. 좋아하는 일에서 재능을 살리는 것은 시대의 흐름이고요.

온 마음을 다해 좋아하는 일을 찾은 사람에게 일을 그만두어야 하는 상황은 형벌과도 같습니다. 인생을 바치고 싶은 일을 찾는 것은 행복해지기 위한 인생 전략이지요.

행복은 추억이 얼마나 많은지에 따라 결정이 나는 법입니다. 주어진 시간을 어떤 감정으로 채웠는가? 그 귀함을 이해하기에 돈을 끌어당기는 사람은 목표를 진지하게 생각합니다.

당신은 1번과 2번 중 어느 쪽의 삶을 살고 싶은가요? 물론 당신의 마음이 움직이는 쪽을 선택해야 합니다.

행복에 정답은 없습니다. 자기 인생입니다. 당신이 원하는 삶을 선택하면 됩니다. 다만 스스로 결정해야 합니다. 결정을 내린 사람은 강하고, 아름답게 살 수 있습니다.

숨어 있는 나의 강점을 살리자

여러분의 감정이 어떤 일에 움직이는지 파악합시다.

2장에서 소개한 다이어리 활용법을 떠올려보세요. 돈을 끌어당기는 사람이 되려면 다이어리의 플래너에 만족도를 나타내는 이모티콘을 그려 넣어 보라고 했지요.

이번에는 노트나 메모지를 이용해 '시간별이 아니라 과제별로 이모티콘 기입하기'를 해봅시다. 메모지가 없다면 아래 표에 한 주간의 과제 내용과 이에 따른 감정을 적어 보세요. 무표정 표시는 쓰지 않고, 스마일 표시와 찡그림 표시만 사용합니다. 앞서 250쪽에서 이야기한 대로, 소비 시간은 적지 않고 생산 시간만 적어 봅시다.

- 만족도가 높았던 시간 → 빨강으로 스마일 표시 ☺
- 불만족이었을 때 → 파랑으로 찡그림 표시 ☹

날짜	. ( )	. ( )	. ( )	. ( )	. ( )	. ( )	. ( )
과제와 감정							

Q1 지난주에 했던 생산적 과제 중 좋았던 것 3가지는 무엇이고, 그 이유는 무엇인가요?

_____

_____

_____

$Q2$ 지난주에 했던 생산적 과제 중 나빴던 것 3가지는 무엇이고, 그 이유는 무엇인가요?

_____

_____

_____

$Q3$ 위 내용을 살펴보니 내 감정은 주로 어떤 일에 움직이나요? 내게는 어떤 재능이 있을까요?

_____

_____

_____

STEP 2

현재의 재능 수준과 이것을 발전시키는 방법을 알아봅시다.

아래 설명을 읽어 보고, 나의 재능 수준은 어떤 단계인지 알아봅시다.

- 마음속에서 '하고 싶다.'는 생각만 하고 있다. → '감정 수준'의 재능
- 하고 싶은 일을 행동으로 옮기고 있지만, 아직 재능이 있는지 모르겠다.
  → '행동 수준'의 재능
- 하고 싶은 일을 해서 어느 정도의 결과를 내고 있다. → '능력 수준'의 재능

Q4 '감정 수준'의 재능을 가지고 있는 경우, 하고 싶은 일을 행동으로 옮길 필요가 있습니다. 현재 생각만 하고 있지만 행동으로 옮기고 싶은 일에는 무엇이 있나요?

_____

_____

_____

05 '행동 수준'의 재능을 가지고 있는 경우, 재능을 키우고 싶은 분야에서 훈련을 받아야 합니다. 당신의 재능을 발달시킬 수 있는 강의나 훈련 방법에는 어떤 것이 있을까요?

_____

_____

_____

06 '능력 수준'의 재능을 가지고 있는 경우, 통상적인 인건비 이상의 금액으로 시간을 교환하고 수입을 높여 나가야 합니다. 재능을 살려 수입을 만들거나 높일 방법에는 무엇이 있을까요?

_____

_____

_____

현재 당신의 재능 수준을 알고 제대로 키우면 빛을 발할 수 있습니다. 위에 적은 일들을 당장 다음 주에 시작해 보면 어떨까요? 좋아하는 일을 하며 수입도 올리는 '돈을 끌어당기는 사람'이 되는 첫걸음을 내딛어 보세요!

돈은 자신과의 약속을
지키는 사람에게 온다

·

돈에 끌려다니는 인생에서 벗어나자

·

언젠가 카사이 씨가 이런 말을 했습니다.

"돈 때문에 꿈을 포기하지 않아도 된다. 뭐, 그런 책을 만들고 싶어요."

이 책은 바로 저 말에서 출발했습니다.

우리는 먼저 돈을 끌어당기는 사람들을 인터뷰했습니다. 돈에 강해지는 비결을 찾기 위해서였지요.

창업가, 투자가, 금융맨, 영업맨, 전·현직 사장의 부인들……. 다양한 이들의 이야기를 들으면서 깨달았습니다. 성별이나 직업, 연령, 수입, 자산 액수, 현재 일을 하고 있는지 여부와 관계없이 돈을 끌어당기는 사람은 약속을 가장 소중하게 여긴다는 점입니다.

1,000만 원을 저축하겠다는 자신과의 약속 지키기, 유학 가기 위해 매일 영어 공부하기, 창업하겠다는 꿈 이루기, 배우자나 친구, 아이들과의 약속 지키기, 기일 안에 납품하기 등등.

은행도 약속대로 돈을 상환하는 사람에게 돈을 빌려줍니다. 돈을 끌어당기는 사람은 약속을 지키는 사람이지요. 돈은 약속을 지키는 사람에게 찾아옵니다. 이것이 바로 돈을 끌어당기는 비결입니다.

●

나와의 약속을 지킬 때 돈이 따라온다

●

마음에 그리는 꿈과 행복 실현하기는 자신과의 약속이고, 한편으로는 그 꿈을 응원해주는 가족과 동료와의 약속입니다. 돈에 강한 사람은 그 꿈을 이루기 위해 시간과 돈을 쓰고 자신의 재능을 키워가지요.

물론 인생에는 좌절과 실패가 따르게 마련입니다. 약속을 지키지 못할 때도 있습니다. 그러나 그럴 때일수록 각오를 다지고, 다시 한번 약속하지요. 돈을 끌어당기는 사람은 그렇게 해서 꿈과 행복을 실현해갑니다.

당신은 자신에게 어떤 약속을 했나요?

앞으로 누구에게 어떤 약속을 하게 될까요?

그 약속을 지켰을 때 분명 최고의 행복을 맛보게 되겠지요.

그 순간을 기대하며 당신의 재능을 살려, 돈을 끌어당기는 사람이 되는 삶을 살아가세요.

분명 돈으로 바꿀 수 없는 경험과 삶으로의 여행이 될 것입니다.

마지막으로 집필할 기회를 주신 카사이 씨와 아다치 편집장께 감사의 인사를 드립니다.

기타바타 야스요시

길벗 〈상식사전〉 베스트 3종

경제 상식사전

기초 이론부터 필수 금융상식,
글로벌 최신 이슈까지 한 권으로 끝낸다!

▶ 교양, 취업, 재테크에 강해지는 살아있는 경제 키워드 174

▶ 2019 최신 경제 이슈 완벽 반영!
  누구보다 빠르고 똑똑하게 경제를 습득하자!

▶ 경제공부가 밥 먹여준다!
  교양은 물론 취업, 재테크도 OK!

김민구 지음 | 548쪽 | 16,000원

월급쟁이 재테크 상식사전

예·적금, 펀드, 주식, 부동산, P2P, 앱테크까지
꼼꼼하게 모으고 안전하게 불리는 비법 152

▶ 대한민국 월급쟁이에게 축복과도 같은 책!
  두고두고 봐야 하는 재테크 필수 교과서

▶ 펀드, 주식, 부동산은 물론 연말정산까지 한 권으로 끝낸다!

▶ 바쁜 직장인을 위한 현실밀착형 재테크 지식 요점정리

우용표 지음 | 584쪽 | 17,500원

부동산 상식사전

전·월세, 내집, 상가, 토지, 경매까지
처음 만나는 부동산의 모든 것

▶ 계약 전 펼쳐보면 손해 안 보는 책, 20만 독자의 강력 추천!
  급변하는 부동산 정책, 세법, 시장을 반영한 4차 개정판!

▶ 매매는 물론 청약, 재개발까지 아우르는 내집장만 A to Z

▶ 부동산 왕초보를 고수로 만들어주는 실전 지식 대방출!

백영록 지음 | 580쪽 | 17,500원

살면서 반드시 알아야 할 재테크 지식, 부동산 시리즈

서른아홉 살, 경매를 만나고 3년 만에 21채 집주인이 되었다!

:: 돈 되는 집 고르는 법부터 맘고생 없는 명도까지 ok!
:: 필요한 내용만 담은 '실속 만점 6단계 경매'
:: 경매 상황별 궁금증 풀어주는 속 시원한 QnA와 깨알팁

이현정 지음 | 360쪽 | 16,000원

해결법을 아는 순간, 마법같은 수익률이 나타난다!

:: 초보자를 위한 2년 만에 3,000만원 3억 만들기 프로젝트
:: 법정과 현장에서 쌓아온 대한민국 최고 경매변호사의 20가지 수익모델 대공개
:: 정책 혼돈기 속 저평가 지역분석과 실전 투자자를 위한 고수들의 팁

정충진 지음 | 252쪽 | 15,000원

큰돈 벌고 싶은 당신을 위한 주식 시리즈

70만 왕초보가 감동했다! 완벽한 투자입문서

:: 묻지마 개미를 특전사로 무장시킨 최고의 주식투자서
:: 주식계좌 개설부터 주식 사는 번, 차트분석까지!
   외국인·기관 투자법, 배당투자법, 선물옵션 투자법은 보너스!

윤재수 지음 | 400쪽 | 16,500원

실전투자대회 6관왕의 투자법 대공개

:: 차트 보기, 급등주 찾기, 테마주 올라타기, 손절하기까지!
:: 따라하면 누구나 무조건 돈 버는 고수의 비법

강창권 지음 | 360쪽 | 20,000원